한 마리 새가 되어

현대수필가100인선 Ⅱ · 67

한 마리 새가 되어

박영득 수필선

수필과비평사 · 좋은수필사

■ 책머리에

 수필은 누구나 부담 없이 읽고, 마음만 먹으면 직접 쓸 수도 있는 가장 친근한 문학이다. 다른 영역의 문학이 영상매체에 밀려 신음하고 있는 중에도 수필 인구만은 날로 증가하여 바야흐로 수필 전성시대를 구가하고 있는 이유도 거기에 있을 것이다.
 시대적 추세에 힘입어 수많은 수필전문지, 수필동인지가 창간되고, 이에 비례하여 신진 수필가도 날로 늘어나다 보니 이제는 그 많은 작가, 그 많은 작품 중에서 문학성 높은 작품을 가려 읽는 일이 쉽지 않게 되었다. 이런 현상은 작가에게나 독자에게나 결코 바람직한 일이 아니다. 더 나아가서는 수필을 연구하는 후세들에게도 큰 부담이 될 것이다.
 이런 문제를 해결하는 데는 출판인도 마땅히 한몫을 감당해야 한다는 평소의 소신에 따라, 본사가 기꺼이 그 역할을 맡기로 했다. 그 첫 번째 사업으로 시대를 대표할 만한 수필가 100인을 선정하고, 작가가 자선한 40편 내외의 작품을 수록한 문고본을 발간하여 이를 널리 보급함으로써 그 소임을 다하고자 한다.
 본사는 사명감을 가지고 이 사업을 추진해 나가기로 했다. 작가 선정을 전담할 편집위원회를 구성하고 전권을 위임하여 일체의 사적인 정실이나 청탁을 배제함으로써 전문성과 공정성을 확보해 나갈 것이다.
 따라서 이 기획물 속에는 작가의 문학정신뿐만 아니라, 본사의 문학사적 기여 의지와 편집위원 제위의 수필문학에 대한 애정과 문인으로서의 양심이 함께 담겨 있음을 자부한다. 다만, 작가를 선정하는 기준에는 많은 견해의 차이가 있을 수 있고, 선정 과정에서도 미처 챙기지 못한 부분이 있을 것이라는 사실만은 인정하지 않을 수 없다. 이 점에 대해서는 관계자 여러분의 양해 있으시기 바란다.

　이 시리즈의 발간 순서는 작가, 또는 본사의 사정에 의한 것일 뿐 그 밖의 어떤 기준도 적용하지 않았음을 밝힌다.

　본 기획물이 시대를 초월한 많은 수필 애호가들의 관심과 애정 속에 우리나라 수필문학 발전에 한 이정표가 되기를 바랄 뿐이다.

　본사에서는 이상과 같은 취지로 『현대수필가 100인선』 전 100권을 완간하여 큰 반향을 불러일으킨 바 있다.

　그러나 우리 수필문단의 규모나 수필문학의 수준에 비추어 선정 작가를 100인으로 한정하는 것은 형평성이나 효율성 면에서 크게 부족하다는 의견이 많았고, 본사 또한 이를 통감하던 터라 기꺼이 『현대수필가 100인선Ⅱ』를 발간하기로 했다.

　본사의 충정에 찬동하여 출판에 응해주신 저자 여러분에게 감사한다.

2014년 9월

수필과비평 · 좋은수필 발행인 서정환
현대수필가 100인선 간행 편집위원 박재식 최병호
정진권 강호형
오세윤

차례 | 현대수필가100인선 II · 67

1_부 육백六白이

씨압소 검둥이 • 12
간짓대 • 17
지게 • 21
칼국수 • 26
설날 • 31
육백六白이 • 36
메별袂別 • 41
동짓날 • 46
한 마리 새가 되어 • 51

2_부 집게의 꿈

낙지예찬 • 58
붉은다리농게 • 63
후리질 • 68
삐뚤이 고동 • 72
짱뚱어 • 77
집게의 꿈 • 82
깽다리 • 86
오리 가족 • 91
무인도 • 96
매미의 일생 • 101

3_부 갈메기의 꿈

종착역 • 106
조산 느티나무 • 111
예수님의 미소 • 116
해바라기 • 121
갈매기의 꿈 • 126
다순구미 째보선창 • 131
질풍노도疾風怒濤 • 136
몽돌의 차르르 따르르 • 142
조금새끼 • 146

4_부 아모르파티(Amor Fati)!

퇴임 • 152
그리움 • 157
하멜의 흔적 • 162
소녀상의 눈물 • 167
아모르파티(Amor Fati)! • 172
무無 • 176
다산茶山의 영정 앞에서 • 180
퇴계의 향기 • 185
한라산에 올라 • 190
〈아리랑〉이 울려 퍼진
모뉴먼트 밸리(Monument Valley) • 195

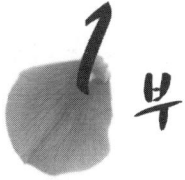

1부

씨압소 검둥이
간짓대
지게
칼국수
설날
육백六白이
몌별袂別
동짓날
한 마리 새가 되어

씨압소 검둥이

우리 집에 검정소가 한 마리 있었다. 씨압소로 들어온 검은 수송아지였다. 경제적인 여유는 있으나 소를 먹일 사람이 없는 집에서 암송아지를 남에게 주었다가 24개월 뒤에 어미 소는 되찾아 가고 씨를 받아 낳은 송아지를 기른 사람에게 주는데 이것을 '씨압소'라고 했다.

내가 초등학교를 졸업하던 해 씨압소 검둥이가 태어났고 자연스럽게 그 녀석을 돌보는 것이 내 몫이 되었다. 초등학교를 졸업하면 섬을 벗어나 도시 중학교로 진학하는 것이 꿈이었는데 검둥이 때문에 난 옴짝달싹 못하고 섬에 묶여 살게 되었다. 하기야 나는 우리 나이 일곱 살에 산 너머에 있던 초등학교를 혼자 찾아가 입학을 했으니 동갑내기 친구들보다는 한 해 정도 빨리 학교에 입학한 셈이었다. 그래서 초등학교 졸업하고 그

해에 바로 진학을 하지 못한 것에 큰 불만은 없었다. 동갑네기 친구들이 졸업하는 해가 되면 나도 중학교에 보내달라고 떼를 쓰려 했기 때문이었다.

검둥이는 귀엽고 사랑스러웠다. 커다란 눈망울을 보고 있노라면 맑고 깨끗한 세상을 보는 듯했다. 초식동물의 원초적 평화로움을 느낄 수 있었다. 눈 흰자위를 제외하고는 몸 전체가 온통 검은색이었다. 어미 소가 누런 암소인데 어떻게 검은 송아지를 낳을 수 있을까 하는 의문이었다. 나중에 중학교 생물 시간에 유전자에 관한 것을 배우고서야 우리 검둥이가 누런 암소에서도 태어날 수 있다는 비밀을 알 수 있었다. 사라졌던 토종 소가 우리 집에서 부활한 경사였다. 그러나 그때는 이것이 큰 의미 있는 일인 줄 몰랐다.

우리나라의 토종 소는 누렁소, 얼룩빼기 칡소, 검정 소 그리고 흰 소 등이 있었다. 그러나 일제강점기 때 수천 년 우리 땅에서 살아왔던 토종 소들이 누렁소를 제외하고는 모두 강제로 도태되었다.

검둥이는 무럭무럭 잘 자랐다. 동네 또래 아이들과 소먹이로 산으로 들로 몰려다녔다. 아이들은 소 떼를 몰고 마치 전투장으로 출정을 하듯 무리 지어 나갔다. 동네 천수 형은 소 등을 타고 "앞으로!"라고 외치며 전투지휘를 하듯 앞장서서 달려 나갔다. 소를 먹이는 장소에 다다르면 소 고삐를 뿔에 감아 고삐가 나무뿌리나 돌부리에 걸리지 않도록 하여 산으로 올려보냈다. 소들이 산에 올라가 스스로 풀을 뜯어 먹는 동안 아이들은 바닷가 장불에서 해 지는 줄도 모르고 신나게 놀았다. 해가 질 무렵이면 배를 채운 소들이 서서히 산 아래로 내려왔다. 그러면 방죽에서 소에게 물을 먹인 후 꼴을 베어 가득 채운 꼴망태를 지고 소를 몰고 집으로 돌아왔다. 서쪽 하늘은 빨갛게 물들어 가고 소쩍새는 뒤따라오며 소쩍소쩍 울어댔다. 동네 마당에는 연기가 모락모락 피어올랐고 고추잠자리들은 온통 하늘을 뒤덮듯 떼를 지어 날았다.

거의 일 년이 지날 무렵 검둥이의 행동이 이상해져 갔다. 코뚜레를 했지만 힘이 점점 세져 말을 듣지 않기 시작했다. 가끔 암소들이 오줌을 싸면 코를 날름거리며 냄새를 맡다가 하늘을 향해 고개를 들고 하얀 이를 드러내며 소리 없이 웃기도 했다. 이성에 눈이 뜬 모양이었다. 틈만 나면 두 앞발을 번쩍 들고 암소 등을 향하여 달려들곤 했다.

이때부터 다른 소들과는 함께 다닐 수가 없어 우린 외톨이가 되었다. 검둥이가 언제 어디로 다른 암소를 향하여 달려들지 모르기 때문에 고삐를 잡고 곁을 단단히 지켜야만 했다. 검둥이가 암소를 향하여 코를 씩씩 불며 달려갈 때 나도 고삐에 끌려가면서도 이상하게 그런 검둥이의 행위가 싫지 않았다. 나도 모르게 얼굴이 붉어지며 알 수 없는 어떤 희열감을 느끼기도 했다.

검둥이가 암소를 향하여 달려가지만 뜻대로 사랑은 할 수가 없었다. 검둥이라는 이유 때문이었다. 암소 주인의 호된 꾸중을 듣고 내 손에 쥔 고삐에 끌려 돌아오는 검둥이는 코를 씩씩불며 어쩔 수 없이 따라왔다. 검둥이의 코에서는 증기기관차가 뿜어내는 듯한 하얀 김이 푹푹 새어 나와 길바닥 먼지를 날릴 정도였다. 억지로 끌려오는 검둥이의 눈에는 분노와 서러움의 눈물이 글썽거렸다.

검둥이와 함께하던 시절 나도 새로운 세상을 조금씩 알게 되었다. 고향 바닷가에 드리우는 저녁노을을 보며 자연의 아름다움에 깊이 빠지기도 했고 구약성서에 나오는 요셉을 생각하며 나의 꿈을 꾸기도 했다. 그렇게 검둥이와의 생활이 3년이 지나고 난 목포로 유학을 떠났다.

최근에 우리 토종 소 복원사업이 활발하게 이루어지고 있다는 소식이 신문에 났다. 칡소는 복원이 되어 개체수가 상당히 불어나 안정화 단계에 이르렀고, 검정 소도 그 품질의 우수성 때문에 천연기념물 제546호로 지정되어 번식에 박차를 가하고 있다고 했다. 참 다행한 일이다. 하마터면 귀한 우리 것들이 영영 우리 땅에서 사라질 뻔했다.

여러 분야에서 우리 토종을 지키는 일들이 활발히 이루어졌으면 좋겠다. 고향 고샅을 누비던 누렁이들도, 빨간 벼슬을 하고 새벽을 야무지게 일깨우던 토종닭들도, 집집마다 우리에서 꿀꿀대던 토종 흑돼지들도 지금은 쉬 볼 수 없는 귀한 우리 것들이 아닌가.

'천연기념물 검정 소' 소식에 까마득히 잊고 지냈던 우리 씨압소 검둥이가 오늘 새삼 그리워진다.

간짓대

  봄은 노란색色을 앞세우고 찾아온다. 성산 일출봉을 배경으로 피어나는 유채꽃은 뭍에 사는 사람들에게는 봄의 전령사와도 같다. 그래서 사람들은 유채꽃 하면 제주를 먼저 떠올리는 것이다. 그러나 이보다 훨씬 오래전 내가 살던 고향에도 유채꽃이 지천으로 피어났었다. 마치 온 들판이 노란 치자梔子색으로 물들여 놓은 것 같았다. 유채꽃이 피면 어릴 적 그 꽃길을 끝없이 걸었던 잊지 못할 추억이 하나 떠오른다.

  초등학교 졸업 후 집안 일손을 도우며 1년이 지나던 어느 봄날, 함평咸平 고모 댁에 심부름을 갔다. 나룻배를 두 번이나 갈아타고 먼 길을 걸어가야만 하는 길이었다. 고모 댁은 함평 읍에서 떨어진 작은 농촌 마을이었다. 마을 입구에 들어서자마자 널따란 왕대밭이 내 눈길을 확 끌었다. 왕대를 보는 순간

"와, 왕대구나!" 하고 소리를 질렀다. 고모 댁에 도착하자마자 "왕대 하나 얻어주세요. 집에 가져가게요."라고 고모부를 졸랐다. 고모부는 나의 부탁이 어이없다는 듯이 껄껄 웃으시며 "왕대를 가져가 무얼 하려고. 얻어준다고 해도 어린 네가 그 먼 곳까지 가지고 갈 수 있겠어?"라고 말씀하셨다. 그러나 다음 날 아침 눈을 떴을 때는 커다란 왕대 하나가 마당을 가로질러 누워 있었다. 나의 부탁에 고모부는 옆집에서 왕대를 하나 얻어 온 모양이다. 두께는 양손으로 움켜잡아야 겨우 손가락이 맞닿을 정도였고 길이는 사립문에서 마당 끝까지 누워 있을 만큼 커다란 왕대였다.

고향에는 왕대밭이 없어 왕대 간짓대를 보기가 쉽지 않았다. 그러나 어디서 구해왔는지 부잣집에는 왕대 간짓대가 하늘 높이 솟아 있었다. 그리고 간짓대 꼭대기에는 항상 생선들이 시누대 꼬지에 가지런히 끼워져 층층이 매달려 등을 쫙 벌린 채 햇빛과 바람을 맞으며 말라 가고 있었다. 저녁 무렵 골목길에 들어서면 부잣집 부엌에서 솔솔 새어 나오는 생선 굽는 냄새가 가던 걸음을 멈춰 서게 했다. 부잣집 높은 간짓대를 바라볼 때마다 저렇게 큰 간짓대가 우리 집에 있으면 나도 맛있는 생선을 먹을 수 있을 것 같았다. 그래서 왕대를 보자마자 그것을 꼭 집에 가져가야겠다고 고모부를 졸랐던 것이다.

고모부는 왕대 꼭대기 잔가지 일부를 제외하고 미끈하게 다듬어 튼튼한 끈으로 묶어 끌고 가기 좋게 고리까지 만들어주었다. 왕대를 끌고 간다는 마음에 아침밥을 먹는 둥 마는 둥 하고 고모 댁을 일찍 나섰다. 한시라도 빨리 끌고 집에 가 자랑하고 싶은 마음이 생겨서다. 왕대를 끌고 가는 발걸음이 마냥 즐거워 휘파람이 절로 나왔다. 집에까지는 거의 60여 리쯤 되는 길이지만 그리 먼 거리라고 생각되지 않았다. 해를 등지고 함평咸平을 출발하여 무안읍務安邑을 지나 한참 걷다 보니 멀리 구름을 바라본다는 망운望雲이 나타났다. 망운에는 오일장이 서고 우리 동네 사람들도 장날이면 장보러 오는 곳이어서 부모님을 따라 몇 번 왔던 기억이 나는 곳이다.

  망운에서 신월리新月里까지 길 양쪽으로 펼쳐진 들에는 온통 유채꽃이 만발했다. 넓은 들녘 구불구불한 황톳길을 따라 기다란 왕대를 끌고 뿌연 먼지를 일으키며 걸었다. 가도 가도 끝이 없는 노란 유채 꽃길이었다. 지금도 가끔 꿈속에서 그 노란 유채꽃 피는 길을 걷곤 한다. 끝없는 꽃길을 어린 소년 혼자 터벅터벅 걸어가는 길이다. 열두 살 어린 소년이 무슨 생각으로 배고픔도 참으며 그 먼 길을 무거운 왕대를 끌고 가야만 했을까. 무엇이 어린 마음을 그리 절박하게 했을까. 그건 마음 깊은 곳에 똬리를 틀고 앉아 있는 가난이란 보이지 않는 굴레였을지도 모른다.

  신월리 바닷가에 도착했을 때는 해가 어느덧 서쪽으로 한참이나 기울어져 있었다. 이곳에서 다시 나룻배를 두 번이나 갈아타고서 선도蟬島 선착장에 도착하자 해가 뉘엿뉘엿 지고 있었다. 땅거미가 어둑어둑 내릴 무렵 기진맥진하여 집에 도착했다. 기다리던 식구들은 내가 큰 왕대를 끌고 집에 들어서는 순간 모두들 깜짝 놀랐다. 그 먼 길을 맨몸으로 걸어오기도 힘들 텐데 뜬금없이 커다란 왕대를 끌고 집에 들어섰으니 그리 놀랄 만도 했을 것이다. "간짓대 하려고 고모부를 졸라 얻어 왔어요."라고 했지만 부모님은 "뭐하러 이런 걸 가져왔느냐. 힘들었을 텐데."라고 나무라셨다.

다음 날 우리 집에도 간짓대가 지붕 위 하늘 높이 솟아올랐다. 우리 집 간짓대가 옆집 부잣집 간짓대보다도 더 높았다. 그런 간짓대를 바라보면서 일종의 자부심이 느껴졌다. 그리고 막연한 기대감에 흐뭇한 미소를 지어 보기도 했다. 그러나 맛있는 생선은 그 후로도 오랫동안 우리 집 간짓대 꼭대기에는 내걸리지 않았다. 가끔 국경일에 태극기가 휘날리는 것을 제외하고는 언제나 빈 간짓대로 하늘을 향해 우뚝 서 있을 뿐이었다.

유채꽃 필 때면 황톳길 60여 리를 기다란 왕대를 끌며 노란 꽃길을 걷던 그 순진한 소년 시절의 내 모습이 생생하게 떠오르곤 한다.

지게

　나에게는 지게에 대한 특별한 애증이 있다. 어려서부터 지게질로 삶을 시작해 초등학교를 졸업하고 잠시 부모님 농사일을 돕는 동안 힘겨웠던 지게질에 대한 추억이 남아 있기 때문이다.
　농로가 정비되어 있지 않아 수레나 우마차가 다닐 수 없는 시골길에서 지게는 필수적인 도구였다. 양 어깨와 허리 힘을 이용해 등에 짊어진 무게를 온몸으로 분산시키도록 제작된 지게는 자신의 몸무게보다 훨씬 많은 짐을 짊어지고 좁은 산길이나 비탈길도 거침없이 다닐 수 있는 효율적인 도구였으니 농촌에서는 꼭 필요한 농기구가 아니었나 싶다.
　우리 집에는 지게가 다섯 개나 있었다. 아버지와 네 아들의 지게가 그것이었다. 아버지는 우리 사 형제가 초등학교에 입학할 나이가 될 즈음이면 성인식이라도 치르듯 어린 아들들에게 지게를 개인 맞춤으로 만들어주었다. 어린 티를 벗어난 송아지에게 코뚜레를 하고 모래밭에서 멍에를 지워 쟁기질을 길들이듯이 아들들에게 지게질을 시키기 시작했다. 아버지가 어린 아들들에게 지게를 맞추어준 것은 어떤 뜻이 숨어있었을까. 앞날이 구만리 같은 삶을 살아감에 있어서 짊어져야 할 삶의 무게를 버티어 낼 수 있도록 하는 일련의 훈련이었을까. 아니면 자식들에게 물려줄 토지나 재산이 없으니 지게질 같은 막노동이라도 해서 생계 수단으로 살아가라는 뜻이었을까. 어쨌든 아버지는 손수 자귀로 나무를 다듬고 끌로 파서 대충 몸에 맞는 지게를 만들었다. 아버지가 맞추어준 지게들이 마당 담벼락에 나란히 기대어 서 있으면 마치 키순으로 정렬해 있는 병사들의 열병식을 보는 듯했다.

우리 집은 토지가 문전옥답이 아니라 부모님이 분가할 때 물려받은 산비탈에 붙어있는 세 마지기 척박한 비탈밭과 살림을 조금씩 늘려가면서 구입한 일정섬 바닷가에 둑을 막아 간척한 다섯 마지기 논뙈기, 그리고 동네 뒷산 길을 돌아 작은 적골에 있는 두 마지기 밭뿐이어서 전답에 이르는 길은 고불고불 산길뿐이었다. 그래서 운반 수단이라고는 오직 지게뿐이었다. 이런 토지 덕택에 나는 어려서부터 지게질을 하게 되었다.

가을걷이가 시작되면 논에서 볏단을 집으로 져 나르면서 지게의 본질을 깨달으며 살았지 싶다. 아버지의 지게는 꼬작까지 받쳐 벼 낟가리가 마치 집채만큼 높이 차곡차곡 쌓였고, 그 다음 내 지게도 아버지만큼은 아니지만 동생들보다는 더 많은 벼 낟가리가 지게 꼬작까지 올라갔다. 동생들의 지게 위에도 내림차순으로 벼 낟가리들이 올려졌다. 새로 막 지게를 맞춘 막내의 꼬마 지게에도 벼 낟가리가 두 개 정도는 올려 있었다. 짐이 다 짜지면 아버지께서 지게를 지고 먼저 출발하였고, 그 뒤를 이어 아들들이 일렬로 서서 졸랑졸랑 뒤를 따랐다.

지게에 짐을 지고 가는 것은 고행이었다. 특히 산길을 오르는 것이야말로 그 어떤 힘든 일에 비교할 수도 없는 일이었다. 한발 한발 내딛는 걸음이 천근만근 절로 헉헉거리는 숨소리가 새어 나왔다. 입을 앙다물고 꾹 참으며 말없이 지게 짐을 지고 걷다가 인내의 한계점에 도달할 때면, 지게 뒷다리를 언덕진 곳에 잠시 내려놓고 긴 한숨을 돌리곤 했다. 지게의 억누름에서의 해방감이란 찌는 더위에 불어오는 한줄기 시원한 바람이었다. 그러나 이런 해방감도 잠시, 생각지도 않은 돌발 사태가 벌어지곤 했다. 걸핏하면 지게 발을 내려놓다 넘어지기 때문이다. 특히 조심성이 부족해 덤벙대는 손아래 동생은 쉬다가 자주 넘어지기 일쑤였다. 그럴 때마다 아버지는 자신의 지게를 작대기로 받쳐 놓고 아무 말 없이 짐을 다시 짜서 동생이 지고 갈 수 있도록 도와주었다.

지게질이 어찌 볏단만을 나르는 농기구로만 쓰였겠는가. 퇴비를 밭으로 운반할 때는 바지게가 되고, 뒷간의 소매를 장군에 퍼 담아 짊어지고 갈 때는 똥통지게가 되었다. 산에 올라 땔나무를 해 올 때는 나뭇지게가 되기도 하고, 동네 우물에서 물을 길어 나를 때는 물지게가 되기도 했다. 그래서 남정네들이 하는 일은 거의 어깨를 짓누르는 지게질이었다.

  나는 다행히도 초등학교를 졸업하고 삼 년 동안 부모님 농사일을 도우며 지게질을 했던 것이 아마도 전부였지 싶다. 그러나 아버지는 평생을 지게질로 살아가셨으니 그 얼마나 고된 삶을 살았을지 지금 생각하면 가슴이 먹먹해진다. 불평 한마디 없이 살아오신 아버지의 일생이야말로 남자로서 어쩔 수 없는 운명이었지 싶다. 아버지 젊은 시절 갓 결혼하고 흉년이 들어 보릿고개를 넘기기 어려웠던 시절이 있었다고 했다. 그때 지도읍 태촌리太村里 이장 댁에서 배급받은 보리 두 가마니를 지게에 짊어지고, 먼 노둣길을 건너고 부사도나루를 건너서 다시 지게를 지고 사십여 리 길을 돌아 범덕산 아래에 도달했을 때, 지게를 받쳐놓고 잠시 지친 몸을 쉰다는 것이 그만 깜박 잠이 들었다고 한다. 집에 돌아올 시간이 지나도 기별이 없자 부랴부랴 어머니가 아버지를 찾아 나서서 범덕산 아래 언덕 모퉁이에 기진맥진하여 쓰러져 있는 아버지를 발견해 참변을 면했다고 하니, 아버지의 그 지게질이야말로 가족을 위한 목숨 건 멍에였으며 굴레였으리라.

  내가 지게질을 해본 지도 벌써 오십여 년이 훨씬 지났다.

그러나 살아오면서 힘든 일들이 생길 때면 어린 시절 그 지게질이 불현듯 생각나는 것이다. 살아오면서 인간이 지는 지게가 어찌 등에 지는 지게질뿐이겠는가. 자식으로서 부모에 대한 효의 지게를 소홀이 할 수 없는 일이고, 가장으로서 가족을 보살피는 부양의 지게 또한 게을리할 수 없는 일이었다. 직장 상사로서 모범의 지게를 가벼이 할 수 없는 노릇이었고, 평생 신앙인으로서 봉사의 지게도 지고 가야 하는 노릇이었으니, 인간이란 일생을 살아가면서 바위를 산 위로 밀어 올리는 시시포스(Sisyphos)처럼 피치 못할 지게를 짊어지고 끝없이 고달픈 인생길을 가고 있는 것인지도 모르겠다.

지게, 그 아련한 추억에 힘들었던 아버지의 삶과 나의 끝없던 삶의 무게를 잠시나마 생각해 본다.

칼국수

 거의 자급자족을 하며 살던 시절, 우리 집에는 맷돌이 하나 있었다. 바다 건너 고이도古耳島에 발동기와 제분기가 들어와 나룻배를 타고 밀을 갈러 다니기 전, 맷돌은 우리 집에 밀가루를 공급하는 유일한 생활 도구였던 셈이다.
 맷돌질 소리가 나면 그날 저녁에는 맛있는 칼국수를 먹는 날이었다. 맷돌질은 주로 어머니 몫이었지만 나도 어머니를 도와 가끔 맷돌질을 했던 기억이 난다. 어머니와 마주앉아 어처구니를 손으로 감아 잡고 돌리면 맷돌은 쓱쓱 소리를 내며 돌아갔다. 밀고 당길 때 어깨에 힘을 주면 맷돌도 나의 분발의 뜻을 아는지 더 신나게 잘도 돌았다. 어머니는 한 손으로 밀을 집어 맷돌 구멍에 넣는데 어찌나 손놀림이 빠른지 맷돌이 한 바퀴 돌아올 때 얼른 집어넣고 또 다른 밀을 한줌 주어 쥐고 다음 차례를 기다리곤 했다. 묵묵히 맷돌질을 하는 어머니의 모습은 가족 생계를 위하여 마땅히 가정주부가 받아들여야 할 운명인 듯 힘든 기색을 전혀 보이지 않았지만, 어머니의 이마에는 송골송골 땀방울이 맺혀있었다. 맷돌질하면 하얀 밀가루가 눈 덮인 산봉우리 모양으로 맷돌 아래로 빙 둘러싸였다. 갈린 밀가루를 채로 치면 곱고 하얀 밀가루가 눈처럼 소복이 쌓였는데 이렇게 어머니의 노고로 얻어진 밀가루는 광야에서 굶주리던 이스라엘 민족에게 내려졌던 만나와도 같은 것이었다.

해가 질 무렵 우리 집 마당 한 모퉁이에는 쑥 냄새 향긋하게 풍기는 모깃불 연기가 서리서리 피어올랐고, 대문도 없는 걸막 옆 돌담 밑에는 하루 종일 풀을 뜯어 먹어 배가 안산安山만큼이나 부른 소 검둥이가 앉은 자세로 누워 눈을 지그시 감고는 천천히 되새김을 하고 있었다. 어머니는 멍석에 앉아 밀가루 반죽을 해서 밀방망이로 밀어 국숫발을 써는 데 칼날이 도마와 톡톡톡 가볍게 부딪치는 소리와 칼국수 가락이 쓱쓱 썰리는 소리만이 모깃불 타는 소리와 함께 마당에 가득했다. 어머니가 썬 국숫발은 한석봉 어머니가 썰었던 떡만치나 가지런했다. 진지한 모습으로 칼국수를 써는 어머니의 가뭇한 뒷모습의 실루엣은 가족의 삶과 행복을 위해 기도하는 거룩한 성모의 모습이었다.

새들이 제집으로 찾아들고 박쥐들이 하늘을 날기 시작하면

해 지는 줄도 모르고 동구 밖에서 뛰놀던 동생들도 집으로 돌아왔다. 나도 조금 전 검둥이를 몰고 집에 들어와 마당 말뚝에 소 고삐를 메어놓고 어머니 옆에 쪼그려 턱을 고이고 앉아서 어머니가 써는 칼국수 가락을 바라보며 벌써 군침을 흘리고 있던 참이었다. 이때 아버지께서도 멀리 떨어져 있는 일정섬—丁島 큰 논에 물을 대고 삽을 어깨에 걸쳐 메고서 걸막 안으로 들어서셨다. 아버지는 빨리 걸어온 탓인지 멍석에 앉으면서 긴 한숨 소리를 내쉬셨다. 아버지의 고단한 하루가 끝나는 순간이었다.

식구들이 한자리에 다 모였다. 칼국수가 팔팔 끓는 솥뚜껑을 열자 김이 연기처럼 모락모락 피어올랐고 달콤한 팥 냄새와 고소한 밀 냄새가 어우러진 칼국수 냄새가 마당 안에 가득했다.

드디어 식구들 앞에 칼국수 상이 차려졌다. "자, 어서들 먹자." 한마디하시고는 아버지께서 수저를 드셨다. 기다렸다는 듯이 나와 동생들도 수저를 들고 밥상으로 달려들었다. 칼국수가 뜨거워 후 후~ 입으로 불어가며 먹는 소리가 담장 넘어 고샅까지 들릴 정도였다. 어머니는 정성들여 만든 칼국수를 맛있게 먹는 자식들을 보고 흐뭇해하며 하루의 노고를 모두 잊으셨을 것이다. 또랑또랑한 아들 넷이 자신 앞에 앉아서 저녁을 그리 맛있게 먹는 모습을 보며 무슨 생각을 하셨을까. 먹이를 달라고 입을 쩍쩍 벌리며 소리를 지르는 새끼들 앞에

선 어미 새만큼이나 어머니도 보기 좋아 흐뭇해 하셨을까. 아니면 이 자식들을 남들처럼 잘 먹이고 잘 가르쳐야 할 텐데라며 무겁고 아득한 책임감을 느끼셨을까. 온종일 흩어져 살다가 어머니의 정성으로 준비한 칼국수를 식구들이 한자리에 모여 앉아 맛있게 먹는다는 것이 이리 행복한 것인 줄은 몰랐다. 양반들이나 먹는 구첩반상九-盤床만이 가정 행복의 조건만은 아닐 터이다. 가정의 행복은 비록 칼국수를 먹더라도 화목한 분위기 속에서 오손도손 사랑을 나누며 먹는 식사에서부터 시작되는 것은 아닐까 싶다.

아버지는 게 눈 감추듯 순식간에 칼국수 두 사발을 비우고 하시는 말씀이 "에이, 맛없다."라고 한마디하시며 씩 웃으셨다. 어둠 속에서도 아버지의 웃는 입가에 이가 하얗게 드러났다. 어머니가 하는 일에 칭찬을 직접 못하시는 아버지의 상투적인 말투였다. 이 말은 '참 맛있네.'로 우리에게는 들렸다. "아빠는 맛있게 먹었으면서."라고 우리들은 한마디씩 했다. 어머니도 "너의 아버지는 항상 저리 말씀하신단다."라고 하시며 씩 웃으셨다.

어머니께서 해주신 맛있는 칼국수 한 사발, 그 칼국수를 먹고 우리 소 검둥이처럼 나는 가난한 배에 포만감을 느끼며 멍석에 누워 밤이 깊어 가는 줄도 모르고 밤하늘의 별들을 헤아리곤 했다. 내 삶에서 이보다 더 행복했던 순간이 언제 있었을까. 자급자족 시대에 어머니의 노고와 정성과 희생과 사랑이

듬뿍 담긴 그 칼국수는 진정한 우리 가족 행복의 원천이었다. 지금도 수유시장 칼국수집 앞을 지날 때마다 어머니께서 해주시던 그 칼국수가 그리워진다.

설날

 이른 아침 부엌에서 딸각거리는 소리에 잠에서 깨어났다. 오늘이 병신년丙申年 정월 초하루 설날이다. 아내는 예쁜 한복을 설빔으로 차려입고 부엌에서 설음식 준비를 하느라 분주하다. 그래, 이것이 몇 해 만인가. 지난 5년 동안 우리 집안의 시계는 멈추어 있었다. 여성산악회 회원으로 전국 유명한 산을 오르며 건강을 자랑하던 아내가 갑자기 급성백혈병 판정을 받았기 때문이었다.
 아내는 이유 없이 피곤하고 어지럽고 몸에 피멍이 자주 들어 한 대학병원 응급실에서 척추골수 정밀검사를 받았다. 검사 결과를 기다리는 시간이 어찌 이리 길고 초조하기만 하던지. 한참을 지나 보호자를 찾는다는 의사를 향해 초조한 마음으로 조심조심 무거운 발걸음을 옮겼다. 의사는 환자가 급성

백혈병이며 이대로 내버려 두면 길어야 6개월 정도의 시한부라고 어렵게 입을 뗐다. 청천벽력 같은 소리였다. 순간 사지에 힘이 쭉 빠지고 머릿속은 텅 비어 하얘졌다. 응급실 침대에 누워 검사 결과를 기다리고 있는 아내에게 어떻게 이 말을 전해야 할지 도무지 생각이 나지 않았다. 그래도 환자가 정확히 알아야 할 것 같다는 생각에 마음을 굳게 먹고 아내에게 다가가 손을 꼭 잡았다. 시간이 멈춘 듯했다. 얼마나 지났을까 굳게 다문 입을 열었다. "급성백혈병이라네." 내 입만 주시하고 있던 아내는 고개를 옆으로 돌렸다. 순간, 무거운 침묵이 흐르고 아내는 "나 괜찮아요."라고 떨리는 목소리로 말을 했다. 아내가 하는 말에 더 눈물을 참을 수가 없었다.

아내의 백혈병과 투병이 시작되었다. 입원준비 차 큰딸과 함께 집으로 내려갔다. 집에 도착할 때까지 딸과도 한마디의 말을 건넬 수 없었다. 집에 도착하자 갑자기 어머니가 보고 싶어졌다. 집안이 왜 이리 적막하고 쓸쓸한지. 이럴 때 어머니가 곁에 계신다면 얼마나 좋을까. 어려울 때 어머니의 기도는 항상 나의 힘이 되었었는데, 그날은 뜬눈으로 밤을 지새웠다.

아내는 항암치료를 받기 전에 머리부터 잘랐다. 머리에 가위질하는 순간 아내의 두 눈에서 눈물이 주르륵 소리 없이 흘러내렸다. 평생 처음 해보는 삭발이었을 것이다. "머리 자르니 두상이 아주 멋진데. 깊은 산사에서 수도修道하는 비구승 같아."라며 아내의 긴장을 풀어주기 위해 실없는 소리도 했다.

그러나 싹둑싹둑 잘리는 머리카락 위로 아내의 눈물이 뚝뚝 떨어지고 있었다.

어느 날 아침 아내가 잠에서 깨어나더니 꿈 이야기를 했다.

"병원 지하 광장에서 혼자 기도를 하고 있는데, 환자들이 한두 사람씩 모여들어 마침내 광장이 가득 찼고, 기도하는 무리 위를 흰옷 입은 예수님께서 훨훨 날며 내 머리에 안수하자, 천장이 서서히 열리고 하늘에서 강한 빛이 내리더니 예수님이 환한 미소를 지으며 빛을 따라 하늘로 올라갔어요."

꿈 이야기를 하는 아내의 눈빛이 초롱초롱 빛나고 있었다. 예수님이 치유하실 거라는 확신이 있는 것 같았다. 나도 그럴 것이라 믿고 말없이 꺼칠한 아내의 손을 꼭 잡아주었다.

항암제를 투여하는 횟수가 잦아지면서 아내는 구토가 심해지고 입안이 헐어 음식을 먹지 못했다. 한여름 뜨거운 햇볕에 시들어 가는 나뭇잎처럼 탈진해 갔다. 그런데도 아내는 수저를 놓지 않으려 안간힘을 썼다. 살아야겠다는 의지였을 것이다. 혼자 일어설 힘이 없어도 운동을 빼놓지 않았다. 틈만 나면 찬송과 기도도 쉬지 않았다.

주님 여! 이 손을/ 꼭 잡고 가소서/ 약하고 피곤한 이 몸을/ 폭풍우 흑암 속/ 헤치사 빛으로/ 손잡고 날 인도하소서/ 인생이 힘들고/ 고난이 겹칠 때/ 주님 여! 날 도와주소서/ 외치는 이 소리/ 귀 기울이시기/ 손잡고 날 인도하소서.

　휠체어를 밀며 아내가 부르는 복음 찬송은 의지할 곳 없는 이 세상에서 주님만을 바라는 간절한 기도였지 싶다. 아내가 찬송하면 나도 같이 따라 불렀다. 부르고 또 불러도 계속 불리는 노래였다.
　아내의 의지와 사투를 통한 항암치료로 조혈 세포를 이식할 수 있는 관해寬解단계에 이르렀다. 세포 이식과 무균실에서의 투병은 인간이 겪을 수 있는 극단의 고통이 아닐까 한다. 한 달 동안 무균실에서의 투병 생활은 긴 죽음의 터널을 지나는 과정이었다. 어떻게 지냈는지도 모르겠다. 긴장과 초조와 공포의 시간 때문이었을까. 무균실에서 치료를 마치고 나온 아내의 모습은 보기조차 민망할 정도의 몰골이었지만 그래도 눈빛만은 살아 있었다. 감사와 안도의 눈빛이었다.
　퇴원하여 집에서 자가 치료를 하는 과정이었다. 처음엔 집 근처를 돌며 가볍게 걷기운동부터 시작해 차차 가까운 언덕을 오르기도 하고 산길을 따라 걷기도 했다. 봄에 돋아나는 새싹처럼 하루가 다르게 다리에 힘이 오르기 시작했다. 아내는 앞산 능선에 서 있는 정자를 바라보며 그곳에 올라 보기가 소원이라고도 했다. 백혈병 투병 시작 5년이 거의 지나는 지난해 가을 드디어 아내와 나는 도봉산의 최고봉인 신선대에 올랐다. 있는 힘을 다해 정상에 오른 아내는 하늘을 향해 두 손을 번쩍 들고 "하나님! 감사합니다!"라고 큰 소리로 외쳤다. 아내의 진솔한 감사 기도가 나의 가슴속 깊이 울림으로 다가왔다. 나도 "아멘!"이라고 따라 외쳤다. 도봉산 신선대에 아내가 올라섰다는 것이 기적만 같았다. 40년 동안 광야에서 헤매다 가나안땅으로 들어서는 이스라엘 민족의 기쁨이 이만큼 컸을까. 이 큰 은혜를 깨닫게 하려고 아내에게 그리 큰 시련을 주었을까. 지난 세월의 고난이 감사의 큰 물결로 가슴으로 깊이 밀려오는 것이었다.

오후에 시가 댁에서 차례를 마치고 네 딸 식구와 아들이 집으로 모여들었다. 한복을 차려입고 설 준비를 하는 엄마의 모습에 자식들도 감격했는지 엄마를 끌어안고 눈물을 감추지 못했다. 자녀들과 손녀들이 두 줄로 서서 곱게 세배를 했다. 아내가 병을 앓게 된 지 5년 동안 받아보지 못한 세배였다. 집안은 기쁨과 행복한 웃음소리로 가득했다. 참 오랜만에 맞는 설날다운 설날이었다.

육백六白이

 어린 시절 고향 섬마을에는 아주 특별한 돼지가 한 마리 있었다. 주둥이와 네 발 그리고 꼬리에 흰 털이 박혀 있어서 일명 육백六白이라 불리던 외래종 버크셔 종돈種豚이었다. 그때 고향에서는 돼지를 기르거나 새끼를 쳐 장에 내다 팔아야 목돈을 만질 수 있어서 집집마다 암퇘지 한두 마리를 키웠었다. 그렇게 따지고 보면 여섯 마을이 있던 고향에는 암퇘지만 어림잡아도 삼사백 마리는 족히 넘었을 것이다. 이런 암퇘지들이 새끼를 갖기 위해서는 섬 안에서 유아독존唯我獨尊격인 육백이의 도움이 절실히 필요했었다.
 육백이는 풍채부터 남달랐다. 떡 벌어진 앞가슴과 튼튼한 뒷다리, 균형 잡힌 몸매, 그리고 윤기 자르르 흐르는 털과 꿀꿀대는 굵직한 목청부터가 흔히 볼 수 있는 돼지의 모습이 아니었다. 토종 암퇘지들에 비해 몸집이 두 배 정도는 좋이 커보였고 주둥이도 길고 단단해 불도저처럼 땅도 쉽게 뒤집을 수도 있었다. 범강장달이마냥 누구도 넘보지 못할 당당한 체구를 지닌 상머슴 같은 모습이었다.

훈훈한 봄바람에 청보리가 가득한 들판이 출렁이고 종다리가 창공에서 자지러지게 지저귈 때면 육백이도 덩달아 바빠졌다. 이때가 되면 발정난 암퇘지들이 많아져 하루에도 겹치기 장가를 들어야 했기 때문이었다. 이런 날이면 아침부터 바삐 집을 나섰다. 그러나 아무리 바빠도 육백이의 걸음걸이는 의젓한 양반걸음의 자세를 잃지 않았다. 주인이 휘두르는 시누대 회초리에 속도가 조절되기는 했지만 그렇다고 걸음걸이의 무게조차 가벼워지는 것은 아니었다. 발걸음을 내디딜 때마다 뒤엉덩이 사이에 함박만 한 돼지 불주머니 속에 보라는 듯 도드라져 보이는 두 쪽 불알이 씰룩쌜룩, 길을 걷는 육백이의 육중한 무게 중심을 잡아주는 것이었다. 늠름한 그 추가 있어서 육백이의 위상이 더 높아 보였을 것이다. 아니 그것이 육백이의 자존심이었을지도 모를 일이다.

육백이는 뒤따르는 주인의 회초리에 따라 길을 걸어갔다. 오른쪽 엉덩이를 맞으면 왼쪽으로, 왼쪽 엉덩이를 맞으면 오른쪽으로 머리를 돌려 장가들 암퇘지의 집을 찾아가는 것이었다. 목적지도 모르면서 그저 회초리에 따라가는 것이 신기할 뿐이었다. 육백이는 집을 나서면서부터 무슨 생각을 하며 걸어갔을까. '오늘 상대할 파트너는 누구지. 어떻게 생겼을까. 늘씬하고 섹시할까. 아니면 오동포동하고 앙증맞을까. 마음씨는 고울지도 몰라.' 맞선도 보지 않고 부모들이 점지해준 처녀에게 장가드는 노총각처럼 고사상 위의 돼지머리 입가에 환한 미소를 지으며 걸어갔을지도 모를 일이다. 이런저런 생각에 길을 잘못 들기라도 하면 한푼 에누리 없이 휘갈기는 주인의 회초리에 번쩍 정신줄을 다 잡아 잘못 가던 길을 다시 똑바로 걸어갔을 것이다.

발정난 암퇘지의 집 마당은 신랑을 맞이하기 위해 준비한 초례청마냥 잔칫집 분위기였다. 육백이가 사립문을 들어서는 순간 아낙네들은 낯부끄러워 부엌이나 광으로 숨어들었고 동네 꼬마들과 남정네들은 마당에 빙 둘러서서 환호하며 맞이했다. 마당에 미리 나와 있던 암퇘지도 육백이를 보자마자 반색을 하고 꿀꿀거리며 마중을 나섰다. 마당 한가운데서 주둥이를 마주대고 꿀꿀거리며 비벼대다가 상대의 뒤를 향해 코를 벌름거리며 빙글빙글 몇 바퀴 도는가 싶더니 서로 호감이 가는 듯 꿀꿀거리며 입가에 하얀 거품을 물고 입맞춤을 했다. 순간 육백이가 번개처럼 암퇘지의 등위로 올라타는 것이었다.

그러나 때로는 사전 교감이 없이 저돌적으로 달려드는 육백이에게 겁을 먹고 줄행랑을 치는 암퇘지도 있었다. 이건 수퇘지를 처음 맞이하는 경험 미숙에서 오는 해프닝이었을 것이다. 이럴 때면 남정네들이 암퇘지를 잡아 포박하고 강제로 육백이로 하여금 장가들도록 거들어 주기도 했었다. 이럴 때면 꽥 소리를 지르는 암퇘지의 목청이 담장을 넘어 푸른 보리가 출렁이 오월의 들판을 지나 파란 창공을 가르며 멀리멀리 퍼져나갔다. 그 소리는 암퇘지가 느끼는 고통의 비명인지 아니면 처음 느껴보는 환희의 엑스터시인지는 아무도 알 수 없는 일이었다.

혼례를 무사히 치른 육백이는 융숭한 대접을 받았고, 돼지 주인은 새끼돼지 한 마리 값을 수고비로 받아들고 시누대 회초리를 휘두르며 육백이를 몰고 왔던 길을 터벅터벅 되돌아가곤 했다. 그해 초가을 섬마을 이집 저집에서 태어난 새끼돼지들은 하나같이 주둥이, 네 발목 그리고 꼬리에 흰 털이 박힌 육백이들이었다.

이런 정겹던 시골 풍경은 이젠 다시는 볼 수 없을지도 모른다. 인공수정이라는 효율적인 방법을 통해 수정사들이 수퇘지 대신 암퇘지의 수정을 도와주는 세상이 되었기 때문이다. 소나 돼지 같은 가축뿐만이 아니라 사람도 마찬가지다. 요즘 톡톡 튀는 연기와 서툴지만 귀엽게 우리말을 구사해 한국인들로부터 사랑을 듬뿍 받는 모 일본 출신 방송인은 처녀의 몸으로 인공수정을 통해 임신하고 아들까지 출산했다는 소식이다. 이젠 처녀가 애를 낳아도 당당하게 할말이 있는 세상이 되었다. 그리스 신화에 나오는 아마조네스 제국의 여전사들도 배란기를 맞이하여 남자를 찾아 인근 부족 마을로 갈 필요가 없는 세상이 된 것이다.

남편으로서, 아비로서, 아니 육백이 같은 수컷으로서 당당했던 남성성의 시대가 사라져 가고 있는 것은 아닐까. 생명 탄생에 필수적이던 남성이 이제는 충분조건은 될지언정 필요충분조건은 아닌 세상이 된 듯해 씁쓸한 기분이 든다. 그 옛날 고향 종돈 육백이의 당당한 걸음걸이가 몹시 그리워지는 시대다.

몌별袂別

 교사 발령을 받고 10여 년 세월을 시골에서 근무한 후 드디어 목포로 전근해 왔던 어느 해 봄날이었다. 시내 오거리 갈림길에서 내 앞을 지나가는 S 양과 우연이 마주쳤다. 어찌나 멋져 보이던지 그녀를 보는 순간 마치 초등학교운동회 때 만국기가 펄럭이던 운동장에서 둥둥 울리던 북소리처럼 내 심장도 쿵쿵 뛰기 시작했다. 첫눈에 반했던 것일까. 날씬한 몸매에 건강미 넘치는 거무스레한 피부, 적당한 크기의 몸매, 그리고 귀엽게 생긴 외모와 상냥해 보이는 얼굴이 내 마음에 쏙 들었다. 황진이를 짝사랑하다 상사병에 걸렸던 옆집 총각이 이런 마음이었을까. 수업시간에도 또는 쉬는 시간에도 눈앞에 어른거리는 그녀의 모습에 마음은 허공을 나는 듯 안절부절못했다. 하여 쉬는 날이면 그녀가 근무하는 사무실 앞을 홀로 오가며 몰래 훔쳐보기도 하고 행여 눈에 띌까 봐 다시 걸어갔다 그 자리로 되돌아오기를 몇 번이고 되풀이했는지 모른다.

몇 달이 지난 어느 날인가 마음을 굳게 먹고 그녀 사무실 문을 열고 들어섰다. 나를 처음 대하는 S 양은 창밖에서 수시로 서성이던 나를 이미 알아보고 있었던지 가벼운 미소를 지으며 맞아주었다. 자리를 권하고 사무실 커피를 한잔 뽑아와 마주 앉아 마시며 마음에도 없는 시시콜콜한 이야기를 나누다가 시간이 한참이나 지났을까, 보면 볼수록 더욱 끌리는 그녀에게 마음을 더 숨길 수 없어 정색하고 당장 고백을 할까도 싶었지만 차마 말을 꺼낼 수가 없었다. 그러나 포기할 수는 없는 일. 몇 날을 더 다니며 그녀의 속마음도 알아보고 싶었다. 이렇게 하기를 한 보름이나 지났을까. 드디어 용기를 내 고백을 했다. "나랑 사귈래요?" 예상치 않았던 나의 프러포즈에 놀란 듯한 그녀도 얼굴을 붉히더니 말 대신 고개만 끄덕이는 것이었다.

만남이란 우연일까 아니면 운명일까. 이 세상에 수많은 사람이 있지만 맘에 쏙 드는 사람과 만남은 우연이 아니라 운명일지도 모른다. 창조주께서 태초부터 예정해 두었던 만남을 우연이라는 조건을 통해 이루어지게 하는 것이 아닌지도 모르겠다. 다가오는 주말 데이트 약속을 하고 사무실을 나왔다. 하늘을 날 것 같은 기분, S 양은 나에게 운명이지 싶었다.

S 양과의 첫 데이트 코스는 부안 변산반도 해안도로였다. 그녀와의 첫 데이트를 생각만 해도 가슴이 뛰었다. 그녀에게

서 풍기는 은은한 향기와 알 수 없는 신비로움에 정신까지 몽롱해지는 것이 아닌가. 콧노래가 절로 나왔다. 나는 S 양과 함께 어느새 신경숙의 《엄마를 부탁해》를 생각하면 떠오르는 곰소염전을 지나 서해의 절경인 변산반도 해안도로를 달리고 있었다.

나지막한 소나무 숲 언덕에 자리한 아담한 찻집 '베르그 하우스'. 발아래로 내려다보이는 바다는 숭어 비늘 같은 은빛 윤슬이 반짝이고 그녀의 눈동자에도 환희의 기쁨이 넘실거렸다. 바람에 나부끼는 검은 머리카락을 한 손으로 부여잡고 붉게 물든 일몰을 말없이 바라보며 서 있는 그녀의 뒷모습은 솔로몬이 사랑했던 술람미 여인의 자태 그대로가 아니었을까. 게달의 장막*처럼 검은 피부의 술람미 여인이 풍기는 나드 향과 왕 중의 왕 솔로몬에게서 발산되는 몰약과 고벨꽃 향기가 솔밭 사이로 흐르는 듯해 사랑의 분위기도 더욱더 황홀하기만 했다.

누군가가 "사랑이란 서로 마주보는 것이 아니라 같은 방향을 바라보는 것"이라고 했던가. 그녀와 나는 언제나 바라보는 곳이 같았다. 사소한 일상에 대한 생각에서부터 사회적인 이슈나 정치적 이념에 이르기까지 부딪침이 없었다. 사람이 살아가면서 가장 소중한 것이 사랑이라는 것도, 사랑이 있어야 사람에게는 희망이 있다는 말에도 공감하고 있었다. 같이 있

---

* 게달의 장막(the tents of Kedar): 검은 염소의 털로 만든 장막으로 검은색을 일컫는 시적 표현이다. (아가서 1:5)

으면 어머니 품처럼 언제나 편안하고 행복한 사람, 먼 길을 갈 때면 지루하다며 노래도 불러주고 애교스러운 목소리로 세상 돌아가는 이야기도 자분자분 들려주던 사람, 무더운 날에는 시원한 바람으로, 한겨울 추울 때는 따뜻하게 마음까지 녹여주는 수고도 마다하지 않는 사람이었다.

그녀와 만남의 16년이란 세월은 꿈결 같은 시간이었다. 강진 백련사 동백숲이며 해안가 철새도래지, 월출산 아래 경포대 차밭과 적막한 무위사 경내, 거제도 몽돌해변과 남해도 금산사, 경주 불국사와 동해 주상절리, 부안 채석강과 군산 선유도 그녀와 동행했던 곳들이 주마등처럼 스쳐 지나간다.

호사다마라고 했던가. 하늘의 날개 달린 천사가 에드가 엘렌 포(Edgar Allan Poe)와 애너벨 리(Annabel Lee)의 사랑을 시기하여 그로부터 그녀를 데려간 것처럼 나와 S 양의 사랑도 하늘이 시기하고 질투하는 것이 아니었을까. S 양이 몸 여기저기가 아프기 시작했다. 어떤 때에는 다리 관절이 아파 걷기도 힘들어 벌침을 놓아주기도 하고 또 어떤 때는 속이 아파 병원에서 치료를 받았지만 그건 임시방편일 뿐 하루하루 병세가 깊어만 갔다. 그러던 어느 날 아예 길거리에서 쓰러져 응급차로 병원에 실려 간 후로 영영 돌아오지 못했다. 긴 세월을 함께한 S 양과의 이별이 어찌나 마음이 아프고 슬프던지 그녀를 떠나보내던 날 전전반측 뜬눈으로 날을 지새웠다. 오랜 세월 들었던 정을 어찌 단칼로 무 베듯 쉬 잊을 수 있겠는가.

무죄無罪한 너를 마치니, 백인伯仁이 유아이사由我而死
라, 누를 한恨하며 누를 원怨하리요. 능란能爛한 성품性品
과 공교工巧한 재질을 나의 힘으로 어찌 다시 바라리요.
절묘絕妙한 의형儀刑은 눈 속에 삼삼하고, 특별한 품재稟才
는 심회心懷가 삭막索寞하다. 네 비록 물건物件이나 무심無
心치 아니하면, 후세後世에 다시 만나 평생 동거지정平生同
居之情을 다시 이어, 백년고락百年苦樂과 일시생사一時生死
를 한 가지로 하기를 바라노라, 오호애재嗚呼哀哉라, 바늘
이여!

-〈조침문 중에서〉

　애지중지하던 바늘이 부러져 안타까운 마음에 쓴 유씨 부인
의 글〈조침문〉이 생각난다. 나는 S 양을 생각하면〈조차문〉
이라도 한 편 써야 하지 않을까 싶다. 내 곁을 떠나간 S 양
오늘따라 몹시 보고 싶다. 그리운 S 양, 그녀의 이름은 내가
사랑하고 아끼던 검은색 차 세피아Sephia였다.

동짓날

 지나온 삶이 너무 고달팠을까. 오늘날까지 결혼기념일 같은 것은 사치라 여기고 괘념치 않고 살아왔는데, 올해는 새삼스레 자녀들이 우리 결혼기념일을 챙겨주었다. "엄마! 아빠! 결혼기념일 축하해요."라며 물 건너 멀리 사는 막내딸로부터, 국내에 가까이 사는 모든 자녀도 영상통화를 해왔고, 맛있는 것 사 먹으라며 용돈도 보내주었다. 또 며느리도 예쁜 꽃다발을 사 와 축하까지 해주었으니 새삼 '우리에게도 결혼식이 있었구나.'라는 생각이 문득 드는 것이다.
 그러니까 지금으로부터 46년 전 동짓날, 그날은 유별나게도 함박눈이 펑펑 내리고 있었다. 섬마을 작은 교회에서는 군청색 줄무늬 양복을 입은 신랑과 분홍색 한복에 하얀 면사포를 쓴 신부가 풍금에서 울려 나오는 〈결혼행진곡〉 음악에 맞추어

예배당에 들어섰다. 주례를 맡은 교회 목사님께서 "하나님께서 사람을 남자와 여자로 지으시고 남자가 그 부모를 떠나서 아내에게 합하여 그 둘이 한 몸이 되었으니 이제 신랑과 신부는 두 몸이 아니라 한 몸이 된 것입니다."라는 간단한 주례사와 "신랑과 신부는 검은 머리가 파 뿌리가 될 때까지 서로 사랑한다고 하나님 앞에 맹세하겠습니까?"라는 서약 선서를 받고 나서 마지막으로 "이 부부에게도 아브라함이 받았던 축복을 내려주시옵소서."라는 축복기도와 또 교회 성도들의 우레 같은 축하 박수를 받으며 결혼식이 끝났다. 까마득한 시절 나의 결혼식 풍경이었다.

결혼식이 끝나고 밖으로 나왔다. 교회당 밖에는 아침부터 눈이 소복소복 내리고 있었다. 온 세상이 눈이 부실 만큼 깨끗하고 아름다운 순백의 세상이었다. 나는 신부의 손을 꼭 잡았다. 한평생 눈처럼 깨끗하게 살아가자고 굳은 약속이라도 하는 듯이 펄펄 내리는 눈을 한참이나 바라보았다.

결혼식을 마쳤으니 신혼여행을 떠나야했지만 군 복무를 마치고 대학에 복학한 가난한 학생으로서 다른 사람들이 누리는 신혼여행 같은 호사스러운 행사는 사치일 뿐이라고 여길 수밖에 없었다. 그렇다고 어찌 신부에게 미안한 마음조차 없었겠는가. 내색은 하지 않았지만, 평생 한 번뿐인 신혼여행도 가지 못한 서글픈 마음을 혼자 속으로 다독여야만 했다. 대신 언젠가는 멋진 신혼여행을 가보리라고 다짐을 하고 아무 이웃도 살지 않는 산골 우리 집으로 신혼여행 예행연습이라 여기며 가기로 했다.

그러나 이제 돌이켜 보니 나는 세상에서 가장 멋진 결혼식을 올렸지 싶다. 결혼식 내내 함박눈이 펑펑 내렸고, 또 결혼식이 끝나고서도 그칠 줄 몰랐으니 이런 하늘의 축복이 어디에 또 있었겠는가. 만일 어떤 행사를 위해 온 세상을 덮을 만큼 많은 인공눈을 뿌려댄다면 얼마나 큰 비용이 들었을 것이며, 또 그런 인공눈이 어찌 자연적으로 내리는 눈처럼 감동을 줄 수나 있었겠는가. 여느 결혼식에서 뿌려주는 꽃가루는 겨우 신랑과 신부가 걸어가는 무대 정도였겠지만 우리 결혼은 시작 전부터 끝날 때까지 그리고 집에 가는 동안 내내 축하 꽃가루를 뿌리듯 하늘에서 함박눈이 펄펄 내려주었으니 이보다 더 화려하고 멋진 결혼식도 없었지 싶다.

나는 백석의 시 〈나와 나타샤와 흰 당나귀〉을 좋아한다. 혹시 이 시를 우리 결혼식을 축하하기 위해 미리 써놓은 것이 아니었을까,라고 생각할 때도 있다.

    가난한 내가
    아름다운 나타샤를 사랑해서
    오늘밤은 푹푹 눈이 내린다.
    (중략)
    눈은 푹푹 나리고

아름다운 나타샤는 나를 사랑하고
어데서 흰 당나귀도 오늘밤이 좋아서 응앙응앙 울을 것이다.
　　　　　- 백석 〈나와 나타샤와 흰 당나귀〉 중에서

눈이 푹푹 쌓이는 밤 흰 당나귀를 타고 산골로 가 오두막집에 살고 싶다던 천재 시인 백석. 산골로 가는 것은 세상에 지는 것이 아니라 세상 같은 건 더러워서 버리는 것이라던 그였다. 이 시를 읊을 때마다 함박눈이 끝없이 내리던 동짓날, 결혼식을 마치고 신부 손을 꼭 잡고 산골 오두막집으로 걸어갔던 그 모습이 떠올라 가슴이 울컥해질 때가 한두 번이 아니다. 푹푹 내리는 함박눈을 맞으며 걸어가는 데도 춥지도 않았다. 가난했어도 그리 슬프지도 않았다. 결혼식을 마치면 신혼여행으로 누구나 가던 제주도나 부곡 하와이 온천이 아니고 산골 오두막 우리 집으로 가도 마냥 행복하기만 했다.

고갯마루에 올라서니 저만치 우리 집이 보였다. 신혼여행 첫날밤을 보낼 곳이다. 집에 이르는 길목에는 나의 신혼 행진을 축하라도 해주듯이, 소나무 가지마다 눈꽃이 송이송이 탐스럽게 피어있고, 가시덤불 아래 쉬고 있던 딱새들과 곤줄박이들이 이리저리 떼로 몰려 날아다니며 목청 높여 재잘거렸다. 키 작은 솔포기 아래에 웅크리고 있던 산꿩들도 "꿩! 꿩!" 목청껏 소리 내며 푸드덕 날아올랐고, 떨어지는 눈꽃 소리에 놀란 노루들도 이리저리 눈밭에서 뛰어놀았다.

　간밤에도 눈은 그치지 않고 소록소록 내렸나 보다. 마구간에는 눈을 피해 숨어든 노루들이 소와 함께, 닭장 홰에도 산꿩들이 닭들과 함께 잠을 잤었나 보다. 백석이 찾아간 산골에서는 흰 당나귀가 응앙응앙 울었다지만 나의 신혼여행지 산골에서는 부엉이가 뒷산에서 부엉부엉 밤새 울어주었다. 아침에 일어나니 들창문이 벌써 환하고 산꿩들이 "꿩! 꿩!" 우는 소리가 산골에 공명으로 울려 퍼지고 있었다. 그날 밤은 연중 가장 긴 동짓날이었지만 나에게는 가장 짧은 밤이었다.

　그런데 아직도 난 멋진 신혼여행을 가겠다던 그 약속을 지키지 못하고 있다.

한 마리 새가 되어

 태초에 인류가 지상에 출현했을 때 새들은 이미 하늘을 날고 있었으리라. 그럴듯한 날개도 없이 연약한 두 발로 땅을 밟으며 기껏해야 산토끼보다도 더 느린 담박질로 뒤쫓는 맹수를 피해 동굴 속에 숨어 사는 신세이고 보니, 이들은 하늘을 나는 새들을 보면서 참 자유가 무엇인지를 깨달았을 것이다. 또한 오를 수 없는 큰 나무 우둠지나 천 길 낭떠러지 벼랑 끝에 둥지를 틀고 자유로이 하늘을 날며 살아가는 그들의 모습이 몹시 부럽지 않았을까. 아마 이때부터 인류는 새처럼 하늘을 날고 싶은 마음이 들었을지도 모른다.
 나는 어려서 가끔 새처럼 하늘을 나는 꿈을 꾸곤 했었다. 꿈에 하늘을 나는 것은 황홀한 자유였다. 무중력 속의 우주인처럼 거침없이 하늘을 유영하는 것, 모든 걸 다 훌훌 털어버리고 근심 걱정 없는 세상에서 자유롭게 살아가는 것, 이러한 꿈은 원시인류 조상 때부터 무의식 속에 잠재되어 있던 소망이 나의 꿈속에서 발현된 것이었으리라. 아마 그것은 모든 인류의 꿈이며 이상이 아니었을까.

강원도 영월 하늘에 패러글라이더가 유유히 날고 있었다. 그것을 보는 순간 나도 덩달아 하늘을 날고 싶은 마음이 꿀떡같이 일었다. 나의 무의식 속에 똬리를 틀고 잠들어 있던 꽃뱀 한 마리가 자유를 향해 꿈틀대며 깨어난 것일 게다. 마음을 단단히 먹고 같이 피서 온 식구들에게 패러글라이딩 한번 해봐야겠다고 말하자 식구들은 이구동성으로 반대였다. 나이 들어 위험하다는 것이다. 특히 아내의 반대가 심했다. "나이가 무슨 죄냐고. 이 나이가 어때서."라며 항변해 보았지만, 모두 막무가내였다. 그러면 그럴수록 더 해보고 싶은 충동은 어인 연유에서일까. 이유 없는 반항을 할 나이도 아닌데.

몇 년 전 미국 그랜드캐니언에서 경비행기를 타고 험한 계곡 사이사이를 곡예비행하며 아찔아찔한 전율을 경험한 적이 있었다. 같이 탄 관광객들은 무서워 눈을 가리고 소리 소리를 지르며 아우성을 쳤지만 난 아찔한 계곡 풍경에 매혹되어 순간순간 스쳐 지나가는 멋진 풍경을 찍느라 카메라 셔터를 누르며 두려움 같은 것은 느낄 수도 없었다. 지난해는 영월 병방치에서 짚라인을 타고 계곡 아래를 향해 쾌속 질주하는데 마치 하늘에서 지상의 목표를 향해 전속력으로 하강하는 독수리가 된 느낌이었다. 금상첨화라고 날카로운 금속성 짚라인 마찰음이 긴장감과 쾌감을 더욱 고조시켜 주었다. 이런 선험 때문인지 하늘을 나는 것이 두렵지 않아 이번 기회에 기필코 패러글라이딩으로 하늘을 활공하며 유유자적해보리라는 마음이 불길처럼 솟아올랐다. 그래서 포기하지 않고 아내를 몇 번이고 설득하며 꼬드겼다. "이번이 생애 마지막 기회일 수도 있어요. 꼭 한번 타봅시다."라는 나의 간절한 애원에 고소공포증이 있는 아내도 어쩔 수 없이 마음을 바꿔먹고 같이 한번 타보자는 나의 제안에 동의해 주었다.

봉래산 정상 패러글라이딩 출발지다. 논산 훈련소 조교 같은 교관의 진지한 설명과 주의 사항을 듣고 안전 장비를 착용한 후 패러그라이드에 걸터앉아 그의 지시에 따라 산 아래 급경사지를 향해 힘차게 내달렸다. 발이 허공을 몇 번 허우적대는가 싶더니 몸이 붕 떠오르는 순간 나는 벌써 하늘을 날고 있었다. 날갯짓 한번 하지 않아도 어느새 창공을 나는 한 마리의 새가 된 나, 어린 시절 동네 하늘을 빙빙 돌며 선회하던 솔개가 되어 하늘을 활공하고 있는 것이 아닌가. 출발 직전에 공포심이 전혀 없진 않았지만, 하늘로 떠오르는 순간 짜릿한 전율이 온몸으로 번개처럼 퍼져나가더니 곧 두려움은 사라지고 안도감이 들었다.

발아래로 단종 복위 운동에 실패하고 처형장으로 끌려간 충신 성삼문이 지은 시조 속의 슬픔 어린 봉래산, 어라연 계곡을 거쳐 비단결처럼 굽이굽이 흐르는 동강 물줄기, 단종이 죽은 뒤 그를 모시던 시녀들이 꽃잎처럼 떨어져 죽었다는 동강 절벽 위 처연한 낙화암, 서쪽 하늘 아래 쓸쓸한 단종의 유배지 청령포와 그의 무덤 장릉이 쏟아지는 석양의 잔광殘光 속에 아슴아슴 멀어져 가고 있다.

패러글라이더가 봉래산 정상 주위를 이리저리 몇 번 선회하더니 영월읍을 향해 하강하기 시작했다. 이상李箱의 까마귀 눈으로 내려다뵈는 영월읍에는 여러 골목길이 보였다. 그의 시 〈오감도〉에 등장하는 13명의 아이가 질주하던 그 골목길이 저기가 아니었을까. 장난감 같은 작은 집들과 구불구불한 골목길, 분주히 오가는 개미처럼 작은 사람들의 모습들, 이상이 보았던 〈오감도〉의 배경이 분명 저곳이 아닌가 싶어진다.

노을이 져가는 서쪽 하늘은 햇살이 부챗살처럼 쏟아져 내리고 그 아래 겹겹이 펼쳐져 있는 산 산 산…, 희미한 잿빛 산들이 연꽃잎처럼 층층을 이루며 한 폭의 수채화처럼 아스라하게 펼쳐져 있다. 모두가 하나같이 어깨를 마주하고 정답게 앉아 있는 평화로운 모습이다. 장자莊子는 대붕大鵬의 눈으로 세상을 보았다고 했다. 땅에서 바라보는 하늘이 파란색이듯, 안개 자욱하고 흙먼지 날리는 뿌연 황토색 땅도 하늘 높이에서 바라보면 파란색으로 보인다는 진리를 발견했던 것이다. 삶도 이와 매한가지일 터. 살면서 겪는 온갖 희로애락도 인생이란 긴 과정에서 보면 꼭 그런 것만은 아닐 터이다. 그래서 인생살이를 새옹지마라 하지 않던가. 멀리서 삶을 바라봄으로써 유유자적하는 삶을 누릴 수 있는 마음가짐도 중요하리라.

어느덧 영월읍 동강 둔치가 가까워지고 있다. 양 날개를 활짝 편 한 마리 백조처럼 사뿐히 착륙지점에 내려앉았지만 하늘을 날던 흥분이 술에 취한 듯 긴 여운으로 남아 쉬 자리를 털고 일어설 수 없었다. 해발 800m 봉래산 정상에서 새처럼 창공을 날아 지상에 착지하는 순간까지 나는 한바탕 꿈을 꾸고 있었다. 하늘을 활공하며 세상의 근심 걱정 시기 질투 훌훌 털어버리고 진정한 나만의 자유를 만끽하는 순간이었다.

2부

낙지예찬
붉은다리농게
후리질
삐뚤이 고동
짱뚱어
집게의 꿈
깡다리
오리 가족
무인도
매미의 일생

낙지예찬

 나의 고향 신안은 낙지가 많이 잡힌다. 질 좋은 갯벌이 넓게 발달해 서식하기 좋은 자연환경 때문일 것이다. 그래서인지 목포의 '세발낙지', 무안의 '낙지염포탕', 영암 독촌의 '갈낙탕', 신안의 '낙지호롱'과 '낙지탕탕이' 등은 낙지를 재료로 하는 이 지역 대표 음식들이다. "쓰러진 소도 일으킨다."라는 낙지에 대한 옛말 때문에 그저 낙지를 보양식으로만 여기며 살아온 것은 사실이다. 그러나 조금만 더 사유해보면 낙지는 단순한 보양식의 재료 이상의 또 다른 의미를 지닌 귀한 생명체임을 알게 될 것이다.
 낙지는 평화주의자다. 폭력이 난무하는 바다는 약육강식弱肉强食의 법칙만이 통하는 세상이다. 낙지는 감성돔처럼 앙상한 가시가 돋아있는 지느러미도 없고, 가오리처럼 꼬리에 독침

이 있는 것도 아니다. 상어처럼 날카로운 송곳니가 있는 것도 아니고 성게처럼 앙상한 가시로 무장한 것도 아니다. 꽃게처럼 튼튼한 갑옷을 입고 억센 집게발을 가진 것도 아니고, 숭어처럼 늘씬하여 행동이 빠르거나 비늘로 온몸을 감춘 것도 아니다. 여리고 부드러운 근육질로 형태만 몸과 가슴 그리고 다리로 구분되어 있을 뿐 몸 전체가 하나인 낙지는 바다에 사는 어떤 족속들에게도 적수가 되지 못한다. 겨우 몸을 돌부리에 지탱하거나 떠밀려오는 먹이를 붙잡을 때 쓸 수 있는 빨판을 다리에 가졌을 뿐, 상대를 공격하거나 방어할 그 어떤 무기도 없는 연약한 무골호인이다. 그래서 낙지는 피비린내 나는 바다를 피해 갯벌 속으로 숨어들었는지도 모른다. 이런 그의 성정性情 때문인지 그는 갯벌의 영원한 은둔자이며 평화주의자다.

낙지는 그 자체가 끈질긴 생명력이다. 칠성판 같은 도마 위에 올려진 낙지를 무쇠 칼로 내리쳐 몸통과 가슴 그리고 다리를 자르고 토막을 내도 낙지는 정녕 정신 줄을 놓지 않는다. 오히려 무쇠 칼과 단판이라도 붙을 양으로 빨판으로 칼날을 붙들고 씨름이라도 한판 붙을 기세다. 토막 난 낙지 발은 살아 꿈틀대며 죽음을 거부하듯 아우성이다. 산낙지 발을 쭉쭉 훑어 몸통을 입에 넣고 질경질경 한참을 씹다가 얼굴과 목에 달라붙은 발까지 뜯어 입에 몰아넣어 우물우물 씹은 다음 눈알을 부라리며 목울대로 눈을 찔끔 감고 넘기는 순간에도 낙지는 빨판으로 울대를 부여잡고 놓아주지 않는다. 무저갱 같은 뱃속으로 빠져들기를 기를 쓰고 거부하는 낙지의 생명력이 가히 경이롭다. 오죽 생명력이 강하면 목으로 넘어가는 순간까지도 목울대를 쥐어잡고 놓아주지 않을까. 단 몇 분 동안 숨을 쉬지 못하면 살 수 없는 연약한 인간에 비하면 갯벌에서 잡혀 뭍으로 올라와 몇 시간이 지나도 끄떡없는 낙지는 그 자체가 생명력이지 싶다.

낙지는 행위예술가이다. 비늘 한 조각 걸치지 않고 타고난 유연성을 바탕으로 무한한 춤동작을 연출해낸다. 대본이나 각본도 없이 시간과 장소를 불문하고 예술적 행위를 마다하지 않는다. 팔팔 끓고 있는 해물탕을 끓이는 솥단지 안이나 뜨거운 철판 같은 무대 위에 올라앉아도 낙지는 여덟 개의 다리를 뒤틀고 꼬며 서로 뒤엉켜 깊은 영혼의 고뇌를 몸으로 토해낸다. 그건 무절제한 동작으로 표현하는 삶의 아픔이요, 죽음의 순간에 맞는 최후의 엑스터시일지도 모른다. 이건 연출도 연기도 아니다. 그저 삶이요 아픔이요 고통이며 예술이다. 그리고 진실이다. 어떤 뮤지컬 배우도 브레이크 댄스 비보이도 이렇게 영혼을 쥐어짜는 듯한 춤을 출 수는 없을 것이다.

낙지는 희생의 화신이다. 낙지의 일생은 들에 피어나는 일년초 꽃만치나 처연하고 애처로울 만큼 생이 짧다. 이른봄에 알에서 깨어난 낙지는 보리가 익어갈 무렵 몸통이 큰 사람 엄지손가락 정도로 자라나 '세발낙지'가 되고, 찬바람이 불어오는 가을이 되면 성숙할 대로 성숙해져 '꽃낙지'라 부르는 성체가 된다. 흰 눈이 내리는 겨울이 되면 갯벌 속에 숨어들어 겨울잠을 자다가 이듬해 봄이 되어서야 잠에서 깨어나 알을 낳고 부화할 때까지 정성을 들여 알을 돌보고 지키느라 먹는 것조차 잊고 산다. 알에서 부화한 새끼들을 보고서야 낙지는 자신의 의무를 다했다고 생각하고 세상 밖으로 나서보지만, 몸은 이미 탈진 상태라 행동이 굼뜨다. 지치고 탈진한 낙지를 '묵은 낙지'라고 하는데 어찌 바다 세상이 그리 호락호락한 곳인가. 힘없는 낙지를 보고 달려드는 바다의 포식자들에게 낙지는 속수무책이다. 낙지는 또 다른 생명체의 생명을 위해 반항도 하지 않고 조용히 생을 마감한다. 낙지는 태어날 때부터 다음 세대와 또 다른 생명체를 위한 성스러운 희생의 화신이지 싶다. '가시고기'의 애절한 자식을 위한 부성애나 낙지의 눈물겨운 부화 과정은 우리 인간들이 배워야 할 숭엄한 가르침이 아닐까.

낙지는 인간과도 그리 멀지 않는 족속이다. 척추동물과 연체동물의 먼 조상이 진화계통에서 각기 등장한 것은 약 5억 년 전이라고 하니 그 이전에는 서로 두 조상이 유사한 형태로 존재하지 않았을까. 그래서일까. 낙지나 문어 등의 연체동물들도 인간처럼 사고하고 느끼고 생각한다는 최근의 연구보고서가 나왔다. "문어나 낙지 같은 연체동물은 수족관 탱크의 잠긴 마개를 열어 탈출을 할 수도 있고, 장난감을 가지고 놀 수도 있다. 생쥐 수준의 미로 학습 능력이 있으며, 자신에게 잘 대해 주는 사람과 그렇지 않은 사람을 구분할 수도 있다. 다른 동물을 흉내 낼 줄도 알고, 환경에 따라 피부색과 무늬를 자유자재로 바꾸는 능력도 갖추고 있다. 또한 낙지의 뇌 속에는 사람처럼 행복감을 느끼는 신경전달 물질 세로토닌을 분비하는 유전자가 있다."지 않은가. 사람과 비슷한 인지능력의 뇌가 낙지에게도 있다는 학설이다. 살아있는 낙지를 통째로 삶거나 씹어 먹을 때 낙지도 극심한 고통과 통증을 느끼지 않을까. 낙지에게 발성기관이 있다면 큰 소리로 비명을 지를 수도 있을 텐데…….

낙지는 단순한 연체동물이 아니다. 철저한 평화주의자요, 행위예술가이며, 희생의 화신이기도 하다. 뭐니뭐니 해도 사람과 그리 멀지 않은 족속이라는 사실이다. 때리면 아파하고 사랑하면 좋아하는 감정의 동물이다. 바야흐로 낙지를 대하는 기본자세부터 바로 서야겠다. 낙지에 대한 최소한의 예의 표시로 낙지를 밥상에서 마주할 때면 묵념이라도 가볍게 올려야 하지 않을까 싶다.

붉은다리농게

 육지도 아니고 바다도 아닌 곳, 하루에도 두 번은 땅의 세상과 물의 세상이 번갈아 펼쳐지는 곳, 이곳을 조간대라 부른다. 산골에서만 살았던 퇴계 선생까지도 놀라게 했던 곳이다. 곤양(현 경남 사천) 군수인 관포 어득강漁得江(1470~1550)의 초대로 생전 처음 찾은 작도鵲島라는 섬에서 바닷물이 밀려와 두 섬 사이를 순식간에 가득 채우더니 썰물 때가 되자 다시 드러나는 질펀한 갯벌을 바라보며 선생은 자연의 신비로움에 놀라 〈논석조〉란 시도 한 수 남겼을 정도다.

논조석論潮汐

 숨 한 번 쉴 사이에 땅이 포구가 되고呼吸地爲口(호흡지위구)
 조수 들락날락하는 곳에 산은 문이 되었네往來山作門(왕래산작문)

이 신비로운 갯벌 세상에서 주인행세를 하며 사는 녀석이 있다. 달랑게의 사촌 붉은다리농게다. 정약전 선생은 《자산어보》에서 이런 농게를 화해花蟹라 불렀다. 푸르스름한 바탕에 알록달록한 꽃무늬를 한 단단한 갑옷으로 완전 무장하고 자기 몸보다도 더 큰 붉은 집게발 하나를 장수 큰 칼 차듯 옆구리에 차고 또 다른 작은 집게발 하나는 먹이를 날렵하게 먹을 수 있도록 반대편에 장착했다.

큰 집게발은 정중한 반면 작은 집게발은 쉬지 않고 먹이 활동을 해서 마치 바이올린 연주자 같아 보여 서양인들은 농게를 바이올린게(fiddler crab)라 부른다. 하루에도 두 번 물속에 잠겨야 하는 숙명인지라 잠수 때도 물 밖 세상이 궁금해 긴 안테나 끝에 눈을 장착한 지혜도 지녔나 보다. 네 쌍의 다리는 다목적이다. 다리에는 미끄럼 방지용 날카로운 발톱 아이젠을 신었고, 전후 좌우 이동은 사륜구동 자동차처럼 자유자재다. 사람 눈에는 이런 다리로 총총 옆 걸음을 치는 모습이 불안 불안해 보이지만, 농게에겐 그것이 가장 편한 걸음일 터. 다리로 갯벌을 벽돌처럼 다듬어 집 어귀에 성 같은 탑을 쌓기도 하니 이런 뛰어난 건축술의 예술적 감각을 어디서 배운 것일까. 그러나 뭐니 뭐니 해도 농게의 가장 큰 매력 포인트는 붉은색 큰 집게발이 아닐까.

그 용도는 분명치 않지만 오롯이 먹이만을 잡는 사냥도구는 아니라는 것이다. 노농老農의 살포나 성문 앞에 붙어있는 귀족의 문장처럼 농게로서의 존재가치를 드러내며 수컷으로서의 자존심을 지키는 상징물이 아닐까 한다.

바닷물이 빠져 갯벌이 드러나면 제일 먼저 붉은다리농게가 집게다리를 높이 들어 앞뒤로 흔들어 대며 춤을 추기 시작한다. 마냥 즐거워서 추는 춤만은 아닐 것이다. 이것은 생존이 달려있는 자신의 영역 확보를 위한 고육지책일 수도 있다. 아니 노동일 수도 있겠다. 그러나 가장 큰 이유는 수공작이 꼬리를 활짝 펴 암공작의 눈을 홀리듯 암게의 환심을 사고자 본능적으로 펼치는 구애 작전일 것이다.

이런 상황에 눈치 없는 정적이 끼어든다면 긴장감과 함께 한 치 주저 없이 붉은 집게발에 힘이 들어간다. 창을 든 트로이 장수 아킬레우스와 칼을 든 아카이 장수 헥토르가 트로이 전쟁터에서 만났을 때 지체 없이 맞장을 떴듯이 두 농게의 결투가 시작되는 것이다. 그러나 농게들의 싸움은 처절한 싸움이라기보다는 집게발로 서로 물고 밀고 밀치면서 힘을 겨루는 일종의 지루한 씨름판과도 같은 싸움이다. 그렇지만 결국은 이 싸움판도 승자와 패자로 나뉘고 말 것이니 갯벌 세상도 힘의 논리만이 존재하는 정글 세상이 아니겠는가.

어린 시절 찬거리가 별로 없던 섬마을 고향에서는 붉은다리농게는 흔한 찬거리였다. 밥상에는 항상 농게장이 올라왔다. 짭조름한 농게장 한두 마리면 밥 한 그릇은 눈 깜박할 사이에게 눈 감추듯 해치우는 밥도둑이었다. 농게장의 백미는 농게

등딱지 속에 들어있는 노란 게 내장이다. 이걸 농게탕이라 불렀다. 밥 먹을 때마다 할머니께서 까주시는 농게탕을 받아먹기 위해 손자들은 제비 새끼들처럼 차례를 기다려야 했다. 할머니께서 농게 등딱지 내장을 수저 손잡이 뒤로 긁어내 밥숟갈 위에 올려주면 받아먹던 그때의 농게탕 맛과 향이 어찌나 진하고 고소하던지 그 맛은 지금도 뇌리 한 구석에 굳게 눌어붙어 지워지지 않는다. 그러나 이 농게탕은 거의 둘째 동생의 차지였다. 식사 때마다 밥상머리에서 욕심을 부리는 둘째의 고집을 아무도 당해낼 재간이 없어서였다. 이런 둘째의 비위를 맞추기 위해 할머니는 농게탕을 까면 항상 둘째 숟가락 위에 먼저 올려주었다. 그뿐만이 아니었다. 밥그릇도 항상 커야 했고 밥도 가득 담겨야만 만족해 했다.

한번은 어머니께서 이런 버릇을 고칠 요량으로 밥그릇에 밥그릇 뚜껑을 넣고 밥을 소복하게 담아 주자 입꼬리가 귀에 걸리는 듯했지만 곧 속았다는 사실에 또 두 발을 싹싹 비비대며 소리소리 질러 울기 시작했다. 그러나 그런 둘째의 울음도 할머니의 농게탕 극약처방에는 두 손을 들고 항복하고 마는 것이었다. 울음 뚝. 어린 시절 농게장을 먹던 밥상 풍경이 떠오르면 지금도 피시시 웃음이 난다.

지금 지구 온난화로 세계 곳곳에서 대형 산불이 이어지고, 수온 상승으로 양식장 물고기들이 떼죽음을 당하고 있다. 그뿐만이 아니다. 극지방의 빙산이 빠른 속도로 녹아 수면 상승으로 태평양의 작은 섬나라들이 사라질 다급한 실정이다. 지금부터 탄소배출을 중단한다 해도 오늘날과 같은 빙산의 융해현상을 멈추기에는 수백 년도 더 걸린다니 바닷물 상승으로 인한 농게들의 삶의 터전인 갯벌이 사라질 것은 명약관화明若觀火한 일이다.

갯벌이 살아 숨쉬고 붉은다리농게가 춤을 추는 세상이 사라지지 않기를, 할머니께서 까주시던 농게탕 맛을 오래오래 느끼며 살 수 있는 세상이 이어지기를 간절히 두 손 모아 바라는 마음이다.

후리질

 바닷물이 밀려오는 초들이가 되면 바다도 갯벌도 섬사람 마음도 모두가 바빠진다. 붉은다리농게는 두 눈을 번쩍 들어 안테나를 곧추세우고, 짱뚱어는 총알처럼 더 높이 더 빨리 뛰기 시작한다. 칠게를 사냥하던 도요새도 종종걸음으로 내달리고, 뻘 속에서 잠자던 세발낙지도 웅크리고 있던 다리를 펴고 외출 채비를 하느라 분주하다. 갯고랑의 모치와 보리새우도 팔딱팔딱 여기저기 뛰어오르고, 눈만 껌벅이며 쉬고 있던 숭어도 배가 고파 먹이를 찾아 나서는 시간이다.
 초들이에 바람 한 점 없이 잔잔한 바다가 석양에 붉게 물들어 오면 섬마을 사람들의 마음도 덩달아 붉어져 일말의 흥분이 일렁거린다. 밀물 따라 팔딱거리는 숭어 떼가 저만치 몰려올 것만 같아서 가만히 앉아있을 수 없는 노릇이 아닌가, 상상만 해도 가슴이 둥둥거리며 인디언 북처럼 뛰기 시작한다. 숨어 있던 수렵 본능이 발동하는 것인가.

 나는 막냇동생과 후리질에 나섰다. 헛간에 걸려있던 후릿그물을 서둘러 어깨에 들쳐메고 집 아래 바닷가로 단숨에 내달려 신발을 벗어둔 채 헐레벌떡 갯벌로 뛰어들었다. 푹푹 빠지는 진창을 피해 단단한 갯벌 댄등을 따라 물이 밀려오는 물가까지 헐떡이며 달렸다. 그래도 숨도 차지 않는다. 쉿! 지금부터는 조용해야 한다. 바다 건너편 섬마을에서 두런거리는 소리까지 들리는 고요한 바다는 숨소리까지도 소음이 된다. 사람보다 소리에 더 민감한 숭어가 후릿꾼이 다가옴을 눈치채고 도망갈 수도 있어 말도 입이 아닌 표정과 손짓으로만 해야 한다. 이렇게 조심하지 않고서야 어찌 물속에 살아있는 물고기를 손바닥만 한 그물로 잡을 수 있단 말인가. 그것은 거미줄로 하늘을 나는 새를 잡는 것보다도 더 어려운 일이다.

 그물 한쪽 끝을 동생에게 맡기고 키가 큰 나는 그물을 끌고 살금살금 목에 물이 차는 깊이까지 들어가 그물을 펴기 시작했다. 소리가 나지 않게 그러나 시간을 끌지 않고 잽싸게 물고기들을 그물로 감싸야 한다. 아무리 급해도 바늘허리에 실을 묶어 쓸 수는 없는 법. 그물의 윗부분이 물에 뜨도록 뜸이 달린 뜸 줄과 봉돌이 달려 물아래로 가라앉는 물줄이 서로 뒤엉키지 않도록 그물을 잘 풀어 놓아야 한다.

 고양이처럼 살금살금 그러나 살쾡이처럼 빠르게 그물을 빙

둘러 거의 다 놓아가는데, 아뿔싸 숭어들이 눈치를 챘나 보다. 위험을 감지한 것일까. 잠시 후 물속에서 동요가 일더니 물 위로 숭어들이 뛰어오르기 시작했다. 올림픽 경기를 위해 높이뛰기 훈련이라도 받은 것일까. 어른 다리통만큼이나 큼직한 숭어들이 그물 위로 여기저기서 뛰어넘는다. 한두 마리가 아니라 여남은 마리는 족히 넘지 싶었다. 숭어가 뛰어넘지 못하도록 그물 쪽을 향해 갯벌 덩이를 뭉쳐 던져야 하지만 손이 없어 어쩔 수 없이 바라다볼 수밖에. 마음만 바빠져 그물을 다 치지도 못하고 물가로 나가 동생과 함께 그물을 끌어 올렸다. 숭어들과의 한판 육박전이 붙은 것이다.

 탈출과 포획. 숭어에게는 사느냐 죽느냐 생사의 문제였고 나에게는 잡느냐 놓치느냐 자존심의 문제였다. 크고 힘세고 날쌔고 약삭빠른 녀석들은 그물을 뛰어넘거나 우회하거나 그물코를 들이박아 그물을 찢고 도망칠 수 있다지만, 어려 경험이 없고 힘이 없어 약한 녀석들은 어리둥절 정신이 없는 사이 얼떨결에 그만 그물에 걸려 끌려 나올 수밖에 없는 노릇이다. 도망치는 숭어들을 바라보며 안타까워하면서도 그물 속에 몇 마리리 쯤은 남아 있겠거니 하는 기대감으로 그물을 물가까지 거의 다 끌어올린 순간 아마 그물에 갇혔던 숭어 중에서 가장 큰 녀석이였지 싶은 숭어 한 마리가 그물에 걸려 끌려 나왔다. 엉겁결에 두 손으로 감싸 잡으려는 순간 파드닥 팔딱거리더니 그만 그물을 털고 도망치고 말았다. 다잡은 대물 숭어를 놓치고 만 것이다. 들소를 쫓던 사자가 다잡은 먹이를 놓친 기분이 이럴까. 허탈감에 그만 그물을 놓아버리고 싶은 심정이었지만 그래도 그물을 끝까지 끌어올리자 그물에서 벗어나지 못한 참동어 대여섯 마리가 지레 겁을 먹은 듯 안간힘을 다해 파닥거린다. 아마도 사로잡힌 참동어들은 운수 없게도 이런 초보 후릿꾼에게 잡힌 것이 원통해 가슴을 치고 통탄하고 있는지도 모른다.

아마도 후릿그물에 들어왔다가 도망친 숭어들은 운이 좋은 녀석들일 게다. 그러나 그들도 훗날 어느 능숙한 후릿꾼의 그물에 다시 걸릴지도 모를 일이다. 그것도 용케 피하는 녀석들이 있다면 그다음에는 하늘의 그물에는 반드시 잡히리라.

천망회회 소이불루天網恢恢 疏而不漏, 하늘의 그물은 굉장히 크고 넓어서 얼핏 봐서는 성긴 듯하지만, 선한 자에게 선을 주고 악한 자에게 재앙을 내리는 일은 조금도 빠뜨리지 않는다라는 노자의 《도덕경》 말씀이 생각난다. 나의 그물을 빠져나간 숭어들을 두고 하는 말이 아닐까 싶다. 어찌 이 말씀이 물고기들에게만 해당하랴. 이 말씀은 죄를 짓고도 교묘하게 법망을 빠져나가는 사람들을 두고 하는 말일 수도 있겠다. 큰 죄를 짓고도 요즘 요리조리 법망을 빠져나가는 법 미꾸라지들을 보고 있자니 명치에 울화가 치민다. 언제 정의로운 사회가 이 땅에 구현될 것인가. 젊었던 시절 막냇동생과 함께했던 후리질 생각이 새삼 떠오른다.

삐뚤이 고동

 훈훈한 남풍이 불어와 곤히 잠들어 있는 수선화를 일깨워 세운다. 벙글었던 수선화가 꽃망울을 터뜨리자 매미섬은 수선화 꽃 축제로 인산인해다. 고향을 떠났던 출향민들이 돌아오고, 떡 본 김에 제사 지낸다라고 초등학교 각 동창회가 고향에서 열리고 동네마다 시제를 아예 이참에 지내자는 문중들도 생겨났으니 매미섬에 하늘이 열리고 이리 많은 사람이 몰려왔던 때도 없었으리라. 매미섬의 후예들을 고향으로 이끄는 구심력求心力은 아마도 고향에 피어난 노란 수선화와 어려서 주전부리로 정들었던 추억 속에 가물거리는 짭조름하고 향긋한 '삐뚤이 맛'에 대한 옛 향수가 아닐까 싶다.
 삐뚤이는 고동 중에서도 가장 못난 고동이다. 비대칭의 몸이 주둥이 쪽으로 올라오면서 더욱 틀어져 '삐뚤이'라는 달갑지 않은 이름 아닌 이름을 얻게 되었을 것이다. 삐뚤이의 사촌 격인 통통한 대고동과 미끈한 참고동에 비하면 삐뚤이의 생김새는 내세울 만한 것이 하나도 없어 보인다. 손가락 한 매듭 정도의 크기에 나사처럼 비비 꼬인 비대칭의 길쭉한 원뿔 모양 패각貝殼을 평생 집으로 삼고 운명으로 알고 살아가는 보잘것없는 신세이니 두말해 무얼 하랴. 그러나 삐뚤이에게 더 정이 가는 것은 그 못남 때문일 수도 있다. 자식도 못난 놈에게 더 정이 간다는 말이 삐뚤이를 두고 하는 말이지 싶다.

 못생겼다고 맛까지 없을까. 맛은 겉보기와는 다르다. 해삼, 멍게, 성게는 보기에는 혐오스럽지만, 그 맛은 사람의 입맛을 사로잡고, 아귀, 물메기, 도치는 생김새가 민망할 정도라지만 북풍한설 몰아치는 추운 겨울에 해장국으로서는 최고로 치지 않던가. 볼품없는 삐뚤이의 맛과 향은 어떤 고동에도 비할 바가 못 된다. 특히 어린 시절 고향에 대한 향수를 말할 때는 삐뚤이를 빼놓을 수가 없으니 맛을 꼭 외모로만 논할 것도 아니다.

 삐뚤이의 이러한 맛 때문에 별다른 간식거리가 없던 시절 갯가에 가면 지천에 널려있던 삐뚤이를 바리바리 주워다가 가마솥에 삶아 놓으면 아이들은 수시로 주전부리로 삼았다. 단단한 석회질 패각 속에 들어있는 삐뚤이는 꼬투리를 돌로 깨든지 아니면 펜치 같은 연장으로 따서 빨아 먹어야 하지만, 성미 급한 녀석들은 삐뚤이 꼬투리를 '아작' 소리를 내며 의기양양

하게 이빨로 깨서 빨아 먹곤 했다. 아이들뿐만 아니라 저녁을 먹고 나서 온 식구들이 마당에 멍석을 깔고 맷돌을 중심으로 빙 둘러앉아 뻬뚤이를 호미 등으로 꼬투리를 깨서 빨아 먹었다. 뻬뚤이 빠는 소리가 마치 여기저기서 소쩍새 우는 소리처럼 들렸다. 밤새 빨아도 물리지도 않고 배도 차지 않던 뻬뚤이, 그것은 섬마을의 무료함을 달래는 추억 속의 주전부리였다.

뻬뚤이는 갯벌과 잔불 사이 갯바위와 갯돌이 널려있고 서걱거리는 거친 모래 갯벌에서 살아간다. 조악한 환경에 살면서도 누구 한번 원망하지 않고 잘 보이려 자신을 드러내거나 큰 소리 한번 치지 않으며 옹그린 채 갯벌에만 코를 박고 살아가는 미물微物이다. 뻬뚤이가 살아가는 모습이 어쩌면 불편하고 살기 힘든 작은 섬에서 묵묵히 살아온 옛 조상들의 삶의 모습을 닮아있지 싶어 더 마음이 가는지도 모르겠다.

단단한 석회질 패각을 삶의 무게처럼 짊어지고 힘겹게 살아가는 뻬뚤이는 세상 부귀영화를 초연한 마음으로 살아가는 민초 같은 존재다. 어느 바다 생명체보다도 굼뜨고 행동반경도 짧아 어쩌면 한곳에 뿌리를 내리고 살아가는 나무나 다를 바가 없다. 기껏 멀리 가봐야 태어난 주위를 빙빙 돌며 한평생을 지낼 뿐이다. 이렇게 따분한 삶을 살아가지만 그렇다고 아무 생각도 없이 살아갈까. 달 밝은 밤에 조용히 밀려오는 파도 소리에 우주의 창조 신화를 귀 기울이여 듣기도 하고, 갈매기 끼룩끼룩 울어댈 때면 파란 창공을 바라보며 갈매기 날갯짓을 따라 하늘을 나는 꿈을 꾸기도 할 것이다. 마음이 답답하고 따분할 때면 오크통 속에서 웅크리고 살아가던 견유학파 철학자인 디오게네스처럼 고동 속 나선형 사유의 방에서 깊은 생각에 빠지기도 하리라. 삐뚤이는 그림도 그릴 줄 안다. 문득 예술적인 감각이 떠오르면 갯바위에 올라 슬슬 기어 다니며 입에서 토해내는 점액질을 먹물 삼아 부드러운 곡선으로 자신이 꿈꾸는 세상을 그림으로 그린다. 점과 선 그리고 더 나아가 바위 전면에 누구도 해석해 낼 수 없는 신의 세계와 자신의 존재 의미를 추상화로 표현하는 것이다.

자존심 또한 하늘 높은 줄을 모른다. 아무리 멋진 사람이 다가와도 먼저 손을 내미는 법이 없다. 뜨겁고 열정적인 입술이 다가와도 흔들리지 않는다. 범강장달范疆張達 같은 사내가 입술을 대고 힘주어 겁탈하듯 빨아대도 그의 입술과 마음은 열리지 않는다. 그렇다고 항상 범치처럼 까칠하다거나 배타적이지는 않다. 진솔하고 부드럽게 다가오는 누군가에게는 마음이 항상 열려있다. 최소한 꼬투리 정도라도 따주는 성의를 보일 때야 비로소 마음의 문을 연다. 마음의 문이 열린 삐뚤이는 살며시 다가오는 입맞춤에도 못 이기는 척 입술을 맡기는 것이다. 그 '쪽' 하는 삐뚤이와의 장쾌한 입맞춤 소리와 짭조름하고 상큼한 바다 향이 입안 가득할 때의 그 맛이 고향의 추억어린 참맛이 아니었던가.

선착장에 자리 잡은 부스(booth)에는 고향 매미섬에서 생산

된 콩, 김, 두릅, 고사리 등이 판매대에 진열되어 있고, 수선화밭 한가운데 카페에는 쌀로 만든 누룽지 과자와 금잔화꽃차, 천일염으로 토핑한 건강 빵과 커피가 인기리에 불티나게 팔리고 있다. 꽃밭으로 가는 길목 포장마차에는 매미섬 특산물인 낙지와 고구마막걸리가 방문객들의 마음을 호린다. 그런데 축제장 한편이 왠지 휑하니 허전하다. 이런 축제장에 어김없이 등장하던 고향의 먹거리, 구수한 냄새를 풍기며 곤로 위에서 팔팔 끓고 있을 추억의 뻬뚤이가 아무리 찾아도 보이지 않아서다.

  뻬뚤이가 고향 수선화 축제에 초대를 받지 못한 모양이다. 세상이 변하니 향토 맛도 변해가는 것일까. 뻬뚤이와의 추억이 서려 있는 세대가 가고 나면 뻬뚤이는 고향 사람들의 뇌리에서 영영 잊히지 싶어 안타까움에 마음 한구석이 아쉽다. 외톨이가 된 뻬뚤이는 토라져 옹그리고 앉아 감태나루 갯가에서 오늘도 울고 있을지도 모르겠다.

짱뚱어

 세상에서 못났기로 두 번째 가라 해도 서운해하지 않을 물고기가 있다. 이런 외모 때문에 사람들은 이 물고기를 물고기로서 대접을 해주지 않았던 때도 있었다. 그러나 보면 볼수록 귀엽고 행동거지 하나하나가 앙증맞아 정이 가는 물고기, 바로 이 고기는 질퍽한 갯벌을 터전으로 삼고 살아가는 망둥이의 일종인 짱뚱어다.
 나는 짱뚱어와 어려서부터 친밀하게 지냈다. 섬이 갯벌로 빙 둘러싸여 있으니 바닷가 어디를 가든지 쉬 만날 수 있는 친구였다. 썰물 때 바닷물이 빠져나간 갯벌 위에서 이리저리 뒹굴다가도 가벼운 인기척이라도 나면 쏜살같이 뛰어 구멍으로 허겁지겁 숨어든다. 가만히 엎드려 있으면 아무도 몰라볼 텐데 짱뚱어는 자기 존재를 알아달라고라도 하는 듯이 개펄로

분장을 하고 마치 도망치듯 팔딱팔딱 뛰어가는 모습이 앙증맞아 웃음이 절로 나오기도 했다.

짱뚱어는 바다가 아닌 질퍽한 갯벌 진창을 삶의 터전으로 택했다. 피부는 진한 회색으로 위장을 하고 진흙팩과 일광욕을 즐기며 유유자적悠悠自適 살아간다. 추운 겨울에는 갯펄 속에서 곰처럼 긴 겨울잠을 자기도 하고 피부를 통해 공기를 직접 마시며 살아가는 신비스러운 물고기로 아무 걱정 없이 지낸다. 그러나 짱뚱어도 혹여 영역을 침범하는 적수라도 나타나면 마치 공룡시대 스테고사우루스처럼 등에 지느러미를 곧추세우고 나름의 자존심과 위엄을 드러내며 체통을 유지하기도 하는 늠름한 면도 있다. 두 눈이 뛰어나온 이 물고기를 철목어 凸目漁라고 부르고, 탄환처럼 날듯이 뛰어오른다고 하여 탄도어 彈塗魚라 칭하기도 한다.

고생대 중엽에 물고기가 지구상에 나타나기 시작했을 때 고래와 같은 포유류도 육지를 포기하고 바다에 머물러 살기로 했다. 아마 그들에게는 바다가 육지보다 더 살기가 좋은 환경이었나 보다. 그래서 물고기 대부분은 넓은 바다를 삶의 터전으로 삼고 진화에 진화를 거듭하며 번성해 왔을 것이다. 그런데 하필 짱뚱어는 살기 좋은 넓은 바다를 마다하고 이런 질퍽한 갯벌을 삶의 터전으로 택했을까. 약육강식의 법칙만이 적용되는 초원의 피비린내가 싫어 사막으로 숨어든 낙타처럼, 짱뚱어도 살벌하게 먹고 먹히는 붉은 피바다가 싫어 안전을 담보로 질퍽한 갯벌로 숨어들었을지도 모른다.

 짱뚱어는 천생 평화를 사랑하는 물고기이다. 함께 살아가는 이웃들을 보면 그의 성정을 알 수 있다. 시간의 흐름을 망각하고 살아가는 천하태평 갯달팽이, 진흙 속에 숨어 사는 늘보 갯지렁이, 집게발을 들어 춤을 추며 한량閑良처럼 살아가는 붉은 집게발 농게며 어떤 공격 무기도 또는 방어 수단도 없이 살아가는 무기력한 칠게, 언제 어디서나 춤을 자유자재로 추어대는 타고난 춤꾼 무골호인 낙지들이 짱뚱어가 함께 어울려 살아가는 유순한 생명체들이 아닌가.

 짱뚱어에게도 가까운 친족은 있다. 사촌뻘인 말뚝망둥이와 육촌뻘 정도 되는 문절망둑이 이들이다. 이들은 농어목 망둥어과의 가까운 종족들이지만 모양새나 생활 습성들이 조금씩은 다르다.

 말뚝망둥이는 몸피가 작고 날렵한 편으로 항상 물결을 따라 오르락내리락하는 습성이 있다. 한곳에 정착하지 못하는 노마드처럼 항상 물가를 따라 떠돌며 살아간다. 돌발 상황이 발생하면 물위를 달리듯 뛰기도 한다. 작은 앞 지느러미와 꼬리로 물위를 박차며 첨벙첨벙 뛰어가는 모습이 두 발로 달리는 도마뱀처럼 앙증스럽다.

 또 다른 동족인 문절망둑은 연한 청록색 피부를 하고 바닷물을 보호색으로 삼아 은폐엄폐하며 몸을 숨기고 살아간다. 낚싯줄을 던지면 이것저것 가리지 않고 대범하게 먹이를 덥석

낚아채는 배짱이 있는 녀석이다. 세상을 의심하지 않고 살아가는 담백한 그의 성격 탓일 거다. 사람들은 이런 손맛에 문절망둑 낚시를 잊지 못한다. 초가을이면 바닷가에 나가 금세 한 바구니쯤 낚아온 문절망둑을 칼로 저미어 무채를 썰어 넣고 갖은 양념으로 버무려낸 문절망둑어 회 판을 어른들은 이구동성으로 막걸리 안주로는 최고로 치곤 했었다.

이런 망둥어를 사람들은 하찮은 물고기로 여기는 경향이 있다. 그래서 "숭어가 뛰니까 망둥어도 뛴다."라는 망발을 내뱉는다. 분수와 주제를 모르고 덩달아 남 따라 하는 것이라고 비아냥거리는 말이다. 물위로 솟구쳐 뛰어오르는 숭어와 갯벌 위를 철벅철벅 뛰어다니는 짱뚱어를 비교하며 마치 짱뚱어가 숭어의 주책없는 따라쟁이라도 되는 듯 말한다. 그러나 숭어와 짱뚱어는 뛰는 목적부터가 다르다. 숭어는 자기 몸에 붙어 있는 기생충을 털어내기 위해 물위로 뛰어오르지만, 짱뚱어는 침범한 자들로부터 자기 영역과 가족을 지키기 위해 목숨을 걸고 뛰어오르는 것이다. 숭어의 뜀질이 자신만을 위한 이기적인 행위라면 짱뚱어의 뜀질은 자기희생적인 숭엄한 행동이 아니겠는가.

이제는 짱뚱어도 하찮은 물고기가 아니다. 귀여운 생김새며 고상한 희생정신 그리고 비단같이 부드러운 피부에 아름다운 점무늬와 등에 우아하게 펼쳐지는 공룡의 지느러미 같은 귀여운 모습뿐만 아니라, 바다 생태환경에서 중요한 갯벌 지표종으로도 보호를 받는 귀한 몸이 되었다. 유네스코가 세계자연유산으로 지정, 등재한 신안 갯벌에서 평화롭게 살아가는 짱뚱어의 가치는 날로 더 커져갈 것이다. 짱뚱어는 이미 청청한 갯벌을 상징하는 마스코트가 되어 '짱뚱어 다리' 입구를 지키고 있다.

 질퍽한 갯벌에서 욕심 없이 평화롭게 살아가는 짱뚱어, 다른 세상 곁눈질하지 않고 주어진 환경에서 자신만의 세계를 꿈꾸며 살아가기에 오늘날 귀한 대접을 받는 몸이 된 것이리라. 새삼 갯벌에서 팔딱거리며 뛰노는 고향의 짱뚱어들이 눈앞에 선하게 어른거린다.

집게의 꿈

　집게를 서양 사람들은 '은둔자의 게(hermit crab)'라 부른다. 바닷가 물웅덩이 돌 틈 사이에서 고둥껍데기를 짊어지고 숨어 살아가는 집게를 세상과 등지고 작은 오크통에 숨어 살았던 그리스 철학자 디오게네스에 빗대어 지은 이름일 게다. 그러나 집게는 은둔자라기보다는 방랑자에 더 가깝다. 평생을 한곳에 머물지 않고 새로운 것을 찾아 유랑하는 노마드처럼 생존에 필요한 집을 구하기 위해 끝없는 길을 걷는다. 그들의 집 사냥은 평생 동안 이루어진다. 새집을 찾아 들어앉았다 하더라도 주기적인 탈피로 불어나는 몸피 때문에 다음 집을 생각하며 살아가야 하는 운명을 지고 태어났기 때문이다.
　모든 생명체가 그리하듯이 집게도 생로병사의 과정을 겪는다. 은밀한 집게의 사생활이라 깊이 들여다볼 수는 없는 일이지만 아마 그들도 종족 보존의 숭엄한 사명을 위해 사랑을 나누며 살아갈 것이다. 어둠 속에서 벗어버린 아담과 이브처럼 사랑할는지도 아니면 비좁은 고둥 속 때문에 서로 집게발만 마주잡고 애정을 나눈는지 모른다. 사랑으로 잉태한 씨앗은 암컷이 가슴에 고이 품어 키우다가 밀물이 밀려오는 달 밝은 밤에 만세 부르듯 두 집게발을 번쩍 들고 트위스트 치듯 가슴을 털어 바다로 내보내는 것으로 알려져 있다. 바다로 흘러간 알은 부화를 거쳐 새우 모양을 한 조에아(zoea)로 살아가다가 몇 번의 탈피를 겪은 후 집게의 형태를 갖춘 메타조에아(metazoea)란 유생으로 살아가고 마지막 해저 생활을 하는 메갈로파(megalopa)로 변신하여 육지를 향해 올라오리라. 그러나 그들은 달팽이만 한 용기도 없어 밀물과 썰물의 한계선에 걸려 주저앉고 말았지 싶다. 바닷가에 도착한 집게는 이때부터 집을 찾는 유랑생활을 시작하는 것이다.

집게는 아무리 보아도 생김새가 낯설다. 머리와 가슴은 단단한 껍질을 지닌 갑각류 가제를 닮았고 배는 연한 연체동물 고둥의 배를 닮았다. 집게는 아직 갑각류로의 진화단계에 있든지 아니면 가제와 고둥의 이종교잡 결과든지 둘 중의 하나임이 틀림없어 보인다. 갑각류도 아닌 것이 그렇다고 연체동물도 아닌 것이 기이한 모양을 하고 태어나 독립된 종으로 분류되어야 하지만 그들은 가슴과 머리의 생김새 때문에 어쩔 수 없이 갑각류의 사촌으로 살아갈 수밖에 없다. 하기야 그리스 신화에 나오는 반인반우半人半牛처럼 인간의 몸에 황소의 머리와 꼬리를 달고 있는 미노타우로스(Minotauros)라는 괴물도 있으니 꼭 집게의 모양만을 탓할 일만은 아니다. 그것은 오로지 조물주의 창조 의지에 맡길 수밖에……

집게는 다섯 쌍의 발을 가지고 있다. 첫 번째 한 쌍의 집게 발은 칼과 방패다. 먹이를 잡거나 적과 싸울 때 무기로 사용하기도 하지만 빈 고둥 속에 숨을 때는 입구를 단단히 막는 방패가 되기도 한다. 가슴에 붙어있는 세 쌍의 발은 수륙양용 장갑차의 무한궤도다. 느리지만 어떤 장애물도 느긋하게 넘어갈 수가 있다. 복부 끝에 있는 갈고리 모양의 마지막 한 쌍의 발은 배의 닻이다. 집게는 고둥에서 분리되지 않도록 둘둘 꼬여있는 나선형 고둥 속 맨 끝머리 중심을 꼭 움켜잡는다. 불완전한 피조물이지만 자기 몸 하나 지탱하기 위해서는 필요한 모든 조건을 고루 갖추었다.

집게는 외로운 방랑자다. 불안한 삶의 무게를 홀로 지고 미지의 길을 가는 수도자다. 불완전하고 볼품없는 개체로 세상에 내보낸 조상들에게도 한마디 원망도 하지 않고 묵묵히 집을 찾아가는 묵언의 수행자다. 빈 고둥껍데기를 짊어지고 오르지 못한 육지를 향해 형이상학적인 꿈을 꾸고 있는 고독한 철학자인지도 모른다. 그러나 그들은 형이하학적인 꿈을 꾸는 것도 잊지 않는다. '어디 빈 고둥껍데기라도 하나 있지 않을까.'라는 소박하지만, 그에게는 생사가 달려있는 절박한 꿈을 꾼다. 입맛에 딱 맞는 빈 고둥껍데기를 어디 그리 쉽게 찾을 수 있을까. 수요와 공급에 의해 형성되는 시장원리에 따라 바다가 제때 공급해 준다면야 집게도 저런 절절한 바람으로 살아가지는 않을 것이다. 집게의 일생은 그래서 고단하기만 하다.

집 때문에 고단한 삶이 어디 집게뿐이랴. 요즘 아파트값이 하늘 무서운 줄 모르고 치솟고 있다. 집을 구하고자 하는 사람들은 애를 태운다. 아니 절망하고 내 집 마련하기를 포기하는 사람들도 늘고 있다. 도심을 벗어나 인근 근교로 나아가 보지만 그곳에서도 집을 구하기란 역시 어렵기 매한가지다. 혹은 하루가 다르게 치솟는 집값 때문에 영끌로 큰 빚을 떠안고 집을 장만하는 젊은이들도 있다. 혹여라도 집값이 폭락하고 대출이자가 올라간다면 이 또한 사회적 문제가 될 것은 불을 보듯 뻔한 일이 아닌가. 이래저래 집 때문에 한숨만 늘어간다. 집을 찾아 헤매는 존재는 바닷가에만 있는 것이 아니다. 도시에도 집을 찾아 끝없이 꿈을 좇는 사람들이 많다. 집게처럼 주거지를 향한 영원한 방랑자, 노마드 신세인 것이 슬픈 현실이다. 사람이나 미물이나 집 때문에 평생 고민하기는 매한가지인가 보다. 하지만 결코 집을 찾는 꿈을 잃지 않았으면 하는 마음이다. 꿈은 반드시 이루어지는 법이니까.

깡다리

 화사한 봄꽃이 화르르 무너지는 날 들판엔 청보리가 누렇게 익어가고, 연둣빛 나뭇잎은 갈맷빛으로 물들어 간다. 이때쯤이면 육지만 변해가는 것이 아니라 바닷속도 너울너울 일렁이며 변해간다. 겨우내 먼 남쪽 바다에 머물러 있던 회유성回游性 물고기들이 먹이를 찾아 이동하는 아메리카들소들처럼 칠산 바다로 떼를 지어 몰려든다.
 5월이면 고향 앞바다로 영락없이 찾아오는 물고기들 조기, 준치, 민어, 병어 등 이름만 들어도 알 만한 귀하고 값비싼 생선들이다. 이들 틈에 끼어 이름도 생소하고 모양도 보잘것없는 생선도 덩달아 올라온다. 이름하여 깡다리다. 작고 흔해 빠져 뚜렷한 존재감도 없는 이 녀석은 지역에 따라 황세기, 황숭어, 황실이, 황서리 등 여러 가지 이름으로 불리기도 한다. 깡다리라는 이름은 '강다리'의 전라도 지역 방언으로 어딘가 힘이 있고 야무진 면이 있어 보이는 정이 가는 생선이다.

이렇게 하잘것없어 보이는 깡다리도 어엿한 족보를 가진 자존심이 있는 생선이다. 굳이 따져 보자면 농어목 민어과에 속하는 족속으로 조기, 민어, 부서, 백조기 등과 가까운 일가를 이루고 있다. 지각없는 사람들은 이런 깡다리를 그저 조기 새끼로 치부하는 사람들이 있지만, 이것은 어디까지나 깡다리의 독립성과 정체성을 무시하는 처사다.

참조기처럼 누런 황금색을 띠고 있는 깡다리는 물고기 중에서 보기 드문 황족皇族의 후예라고 해도 과언이 아니지 싶다. 어디 물고기가 감히 황금색을 띠고 태어나기가 그리 흔한 일인가. 황금색이란 천지현황天地玄璜 우주홍황宇宙鴻荒, 즉 하늘은 검고 땅은 누르며 하늘과 땅 사이는 넓고 커서 끝이 없다는 뜻으로 우주의 근본인 땅을 의미할 뿐만 아니라 한없이 크다는 뜻을 지니고 있다. 노랑 바탕에 황룡을 금실로 수를 놓은 임금의 곤룡포나, 오방색 중 중심을 상징하는 색이 바로 노랑 황금색이니 황금색 깡다리는 비록 작고 볼품은 없지만 귀한 물고기임이 틀림없어 보인다. 크기로 봐서 참조기에 비해 성골은 되지 못할지언정 진골은 넉넉히 되고도 남을 만하지 않은가. 어쩌면 이 세상에 부귀와 풍요를 주기 위해 찾아온 물고기가 아닐까 한다.

깡다리는 몸집에 비해 머리가 제법 큰 편이다. 몸체 삼 분의 일 정도가 머리이고 보면 어느 생선보다도 머리가 차지하는 비중이 크다. 반짝이는 다이아몬드 화관을 쓴 깡다리의 큰 머리는 진화가 되어 뇌의 용량도 크다는 뜻일 터, 생각하는 바도 뜻하는 바도 어느 물고기에 비교가 안 된다는 뜻일 게다. 같은 종족인 조기나 민어는 오로지 임금님 수라상에나 조상님 제사상에 오를 꿈을, 병어나 준치는 풍족한 사람들의 술상 안줏감이나 미식가들의 횟감으로 상에 오를 꿈을 꾸겠지만, 깡다리는 오로지 배경 없고 힘없는 가난한 자들의 부실한 밥상을 생각하며 뭍으로 올라오는 사려思慮 깊은 생선이다.

깡다리는 크기가 작아 마리 단위로 팔리지 못하고 궤짝이나 그릇으로 팔리는 물고기다. 마을 바닷가에 깡다리 배가 들어오면 어머니께서는 물동이에 보리를 가득 채워 이고 가서 그 동이로 깡다리를 가득 담아 오셨다. 그날 저녁은 알이 통통히 밴 깡다리 찜 요리를 먹을 수 있었다. 고소하고 부드러운 살과 뼈까지 부드러워 먹을 수 있는 맛있는 요리였다. 오랜만에 가난한 집 밥상 위에 올라온 푸짐한 단백질을 배를 두드리며 실컷 먹을 기회였던 셈이다. 찜해 먹고 난 나머지 깡다리는 젓갈을 담았다. 보리밥 한 그릇에 곰삭은 깡다리 젓갈 한두 마리는 다른 반찬이 필요 없는 밥도둑이었다. 먹고 남은 깡다리 젓갈은 김장할 때 기본양념 재료로 전라도 김치의 감칠맛이 바로 이 곰삭은 깡다리젓갈에서 우러나는 것일 거다.

이런 깡다리도 한때는 젊은 여인들을 달뜨게 했던 생선이었다. 깡다리가 칠산바다에 올라온다는 소문이 퍼지면 비금도 원평항에는 파시가 들어섰다. 물때 따라 찾아오는 갈매기처럼 도시의 젊은 색시들이 깡다리 뒤를 쫓아 섬으로 들어왔다. 입술에 붉은 립스틱을 칠하고 동동구루무를 얼굴에 듬뿍 찍어 바른 다음 그 위에 하얀 박가분으로 토닥토닥 화장을 마무리한 색시들이 매혹적인 분 냄새를 풍기며 깡다리 잡이를 나간 어부들을 기다리는 비금 원평항은 밤이면 불야성을 이루었다. 사리때 바다의 양기를 듬뿍 받아 힘이 오를 대로 오른 젊은 어부들이 조금 때가 되어 깡다리로 만선을 이루어 원평항으로 들어오면 곱게 분단장을 한 색시들이 코맹맹이 소리와 간지럽게 애교를 떠는 유혹에 그냥 무너지지 않을 어부가 어디 있었겠는가. 밤이면 술상에 둘러앉아 젓가락 장단에 목청껏 불러대는 산다이판 노랫소리와 젊은 남녀의 낯뜨거운 포옹과 오가는 진한 농담, 술에 취해 비틀거리면서도 세상의 주인이나 된 듯이 호기롭게 갈지자걸음을 걷는 어부들의 모습에 깜짝 놀란 깡다리는 두 눈을 퍼렇게 뜨고 잠들 때도 눈을 감을 줄을 몰랐었으리라.

비금중학교 교감 시절, 원평항으로 들어온 싱싱한 깡다리 한 궤짝을 사서 봉지 봉지 지어 냉동실에 넣어두고 아내가 준비해준 다진 양념을 넣고 아침 기상 후 뒷동산에 올라 따온 싱싱한 취나물과 고사리를 넣어 자작자작 끓인 매운탕 맛은 지금도 잊을 수가 없다.

가난한 사람들의 빈약한 밥상을 걱정하며 뭍으로 올라온 깡다리는 어느 어진 임금보다도 또 어떤 현명한 철학자보다도 더 덕스럽고 사려 깊은 생선이 아니겠는가. 물가도 천정부지로 치솟아 주머니가 얇아진 요즘 세상에 깡다리만큼이나 고마운 물고기가 또 어디 있을까.

 대림시장 어물전에 깡다리가 첫선을 보였다. 반가운 마음에 아내를 졸라 두 그릇을 샀다. 가난한 나도 오랜만에 깡다리찜에 맛있는 저녁을 한번 먹어 볼 참이다.

오리 가족

 봄이 왔다. 천변 풀숲에는 물오른 잉어가 꼬리지느러미를 힘차게 퍼덕이고, 물가 둔덕에는 별꽃, 냉이꽃, 꽃다지, 봄까치꽃, 애기똥풀꽃 등 풀꽃들이 다투어 피어난다. 어미 오리 한 마리도 새끼오리 열두 마리를 데리고 불광천에 봄을 몰고 홀연히 나타났다.

 오리 가족의 출현은 가물어 메마른 대지에 시원하게 쏟아지는 한줄기 소나기며, 사막 같은 삭막한 세상에 새 생명의 탄생을 알리는 환희의 신호탄이자, 겨우내 웅크리고 있던 세상에 희망의 불꽃을 일으키는 불씨와도 같아 보인다. 누구나 나이 들면 생명에 대한 경외심이 더해가는데 한 마리도 아닌 열두 마리의 새끼를 거느리고 나타난 어미 오리를 보니 감탄이 절로 나올 수밖에. 슈퍼우먼 같은 봄의 전령사 어미 오리에게 찬사를 보낸다.

그러나 오리 가족을 만난 기쁨도 잠시, 어미 오리가 저 많은 새끼를 어찌 혼자 키워갈 수 있을지 걱정부터 앞선다. 이곳 불광천에 새끼오리의 천적이 도처에 도사리고 있으니 자유롭게 풀어놓을 수도 없는 노릇이 아닌가. 앙큼한 길고양이, 물가 포식자 능청맞은 왜가리, 능숙한 잠수부 탐식가 가마우지, 하천 바닥을 긁어대며 굉음을 지르는 굴착기 등 여기저기서 새끼오리의 목숨을 노리고 있는 음흉한 것들이 잠복해 있기 때문이다. 더욱이나 아비 오리는 새끼 오리 육추育雛에 관심도 없어 가족 근처에 얼씬도 하지 않으니 어미 오리의 고생이 불을 보듯 눈앞에 훤히 보이는 것이다.

하기야 자기 새끼를 도외시하는 새가 어찌 아비 오리뿐이겠는가. 원앙 수컷이나 꿩의 수컷 장끼도 매한가지다. 이 녀석들의 공통점이 있다면 한결같이 멋만 들어 실속은 없고 겉만 화려한 건달 같은 놈들이다. 혹시 이 녀석들이 바람쟁이는 아닐까 하고 의심의 눈길이 갈 때도 있었다. 암컷들이 수정하기 전에는 물불 안 가리고 쫓아다니며 목숨을 걸고 구애하더니 막상 암컷이 새끼를 부화하여 부양하기 시작하면 나 몰라라 고개를 돌려 먼 산만 바라볼 뿐 가족 곁에는 코빼기도 내비치치 않는 염치없는 녀석들이다. 세상에 이런 뻔뻔한 놈들도 다 있다니. 아비로서 책임감이나 자존심이 털끝만치도 없는 얌체족들이 아닌가. 이에 반해 암수가 생김새나 차림새가 같은 제비나, 참새, 멧새, 까치 등 대다수 새는 보금자리를 짓는 일뿐만 아니라 새끼를 기르는 일도 함께한다는 사실이다. 새끼오리 열두 마리를 거느린 어미 오리를 보니, 홀로 자식 다섯을 보살피며 가정을 이끌고 살아온 아내의 모습을 보는 것 같아 아내에게 미안한 마음에 할말을 잊는다.

나는 승진을 위해 외딴섬과 농촌 벽지에서 근무해야 했다. 아내에게 가족을 맡기고 홀로 자취하며 보낸 세월이 얼마였을까. 때론 모든 걸 포기하고 싶은 마음이 들 때도 한두 번이 아니었으나, 내 딴에는 이상적인 교육을 펼쳐보리라는 간절한 꿈을 쉬 포기할 수가 없었다. 도서벽지에서 근무하면서 주말에 집에 오거나 날씨가 도와주지 않으면 그마저도 올 수 없었으니 보름에서나 집에 오는 때도 있었다. 홀로 시부모까지 모시고 아이들 교육과 살림을 도맡아 했던 아내가 짊어진 삶의 무게가 얼마나 무거웠을지 새끼오리 열두 마리를 거느리고 불광천을 건너는 어미 오리 뒷모습을 보면서 불현듯 아내 생각에 가슴이 뭉클해진다. 나처럼 가족계획은 생각지도 아니하고 저리 많은 새끼를 거느리고 고생깨나 하게 될 어미 오리에게 측은한 연민의 정까지 느껴지는 것이다.

요즘 젊은 사람들이 아이를 낳지 않으려는 경향이 강하다. 비혼율은 높아지고 출산율은 낮아져 나라가 고민이 이만저만이 아니다. 이런 추세로 간다면 한국이 머지않아 세계에서 자동소멸할 최우선 나라가 될 것이라는 예언에 등골이 오싹해진다. 아이를 낳지 않겠다는 젊은 세대들을 볼 때 세상살이가 얼마나 힘들면 저런 생각을 다 할까 라고 짠한 생각을 다 해보지만, 내가 살던 시절을 돌이켜 보면 그때도 살기가 그리 녹록하지만은 않았었다. 그래도 아이를 낳지 않겠다는 생각은 하지 않았다. 대신 나라에서 출산율을 낮추려고 별의별 정책을 다 썼던 시절이었다. "덮어놓고 낳다 보면 거지꼴을 못 면한다" "딸 아들 구별 말고 둘만 낳아 잘 기르자"라던 텔레비전이나 라디오방송 캠페인이며 골목마다 나붙은 선명한 포스터가 지금도 생생하다. 심지어 예비군 훈련장에서는 정관 시술을 지원하는 자에게는 훈련도 빼주던 시절이었다. 이런 국가 시책이나 홍보에 애국자가 될 것이냐 매국노가 될 것이냐 갈림길에서도 나는 마음 휘둘리지 않고 딸 넷 아들 하나 오 남매를 낳은 매국노의 길을 택했다. 그러나 지금 돌이켜보니 저출산으로 나라의 존폐가 걱정되는 이때 나의 선택이 얼마나 탁월했는지 스스로 감탄을 하게 된다.

이런 나의 무책임한 결정이 몽땅 아내의 짐으로 남겨질 줄이야. 난 오리나 원앙 그리고 장끼처럼 화려한 외모나 바람기 때문에 가정을 돌보지 않은 것이 아니었다. 오로지 도서벽지 교육 진흥과 발전을 위해서 어쩔 수 없이 애국적인 선택을 했을 뿐이었다.

어미 오리가 새끼오리들을 데리고 조심조심 불광천을 건너고 있다. 저 어미 오리도 내 아내처럼 많은 새끼를 낳아 힘들게 살아갈 수도 있을지도 모르겠다. 그러나 그것이 탁월한 선택이었음을 곧 알게 될 것이다. 새끼 오리들이 무사히 잘 자라서 새봄이 오면 다시 찾아와 줄 것이다. 불광천에 또 봄을 몰고 올 것이다.

무인도

 무인도. 인적이 끊긴 외롭고 쓸쓸한 섬. 파도가 슬픔처럼 끝없이 밀려오고, 수평선을 넘나드는 태양을 바라보며 찬란한 고독을 삼키는 곳, 밤이면 별을 헤아리다 침묵을 지키고, 불어오는 찬바람에 외로워 흐르는 눈물을 홀로 닦는 곳, 사람들은 무인도를 고독이라 말한다.
 초등학교를 졸업하던 날, 중학교에 진학하지 못한다는 이유로 내가 마땅히 받아야 할 우등상을 중학교에 진학하는 다른 친구에게 빼앗기고 말았다. 진학하는 친구들은 도회지로 떠났고 나처럼 진학하지 못한 친구들도 알음알음 일자리를 찾아 고향을 떠났다. 나만 홀로 남아 외톨이가 되어 하루하루가 외로웠다. 그나마 위안이 되는 것은 씨압소 검둥이가 곁에 있어서였다. 소 꼴을 먹이려 소 고삐를 끌고 산과 들로 나설 때면 진학의 꿈을 접지 못하고 손에는 항상 핵심요점과 풀이가 되어 있던 '전과책'이 들려 있었다. 외로움과 싸움은 오로지 진학의 꿈을 놓지 않는 것이었다. 초등학교를 졸업한 지 삼 년이 지나서야 청운의 꿈을 안고 목포에 있는 중학교에 진학하였다. 친구들이 없는 그동안이 무인도처럼 고독하고 외로웠던 나날들이었다. 무인도에서 살았던 로빈슨 크루소도 나처럼 외로움을 느끼고 살았을까.

돌이켜 보면 나의 유년시절이 내 인생에서 값진 삶이었음을 새삼 나이 들어 절절하게 느껴진다. 외로움과 고독 그리고 가난이라는 굴레에서 벗어날 수 있었던 것은 희망을 잃지 않고 꿈을 향했던 나의 유년시절의 의지가 아니었을까 싶다. 무인도란 마음먹기에 따라 외롭거나 고독할 수도 있지만 때로는 삶에 값진 이정표가 되기도 하는 것이리라.

무인도 하면 고향 앞바다 장구섬이 생각난다. 홀로 소 꼴을 먹이며 말동무가 그리울 때면 장구섬은 나의 말벗이 되어 주었다. "넌 왜 홀로인 거야. 너도 나처럼 외로운 거니?" 내가 물어봐도 장구섬은 대답 없이 항상 의젓한 모습이었다. 이 섬도 알고 보면 슬픈 섬이다. 어느 해 섣달그믐 무렵 이 섬으로 굴을 따러 갔던 재 너머 마을 사람들이 돌아오는 길에 갑자기 불어닥친 돌풍을 만나 배가 뒤집혀 한꺼번에 십여 명의 사람이 목숨을 잃고 말았으니 이보다 더 큰 슬픔이 어디 있었으랴. 그 후로 동네 사람들에게는 두려움의 대상이 되었고 그곳에는 발길이 뚝 끊기고 말았다. 그래서 더욱 쓸쓸하고 고독한 섬이 된 것이다. 외로움이라는 동병상련의 아픔을 지니고 우리는 서로 위로하며 살았는지도 모른다.

 그러나 무인도는 사람들이 생각하는 것처럼 그렇게 고독한 곳만은 아니지 싶다. 바다제비, 갈매기, 슴새, 칼새들이 철따라 찾아오고, 갯바위에 다닥다닥 붙어있는 따개비와 바위틈에 배꼽고둥과 소라고둥이 나란히 등을 맞대고 새근새근 잠이 들고, 갯강구들이 무리 지어 우르르 몰려다니기도 하는 곳이다. 물새들이 알록달록한 알을 낳고, 미지의 땅에서 흘러들어온 참나리와 갯메꽃이 갯가 모래턱에 자리를 잡아 꽃을 피우는 곳, 파도에 부딪혀 무화無化되어 가는 몽돌의 속삭임이 그치지 않고, 모든 생명이 시절 인연에 따라 맺혔다가 또 스러져가는 곳이 바로 무인도가 아닌가.

 무인도는 자연이 지배하는 세상이다. 인간의 법이 지배하는 세상은 거미줄처럼 작은 파리는 잡아도 말벌이나 나나니벌 같은 힘센 것들은 잡지 못하는 불공평한 세상이라면, 자연의 법칙이 작용하는 무인도에서는 어느 생명 하나 불평 없이 우주의 질서에 따라 삶을 살아가는 평온한 세상이다. 갯가에 붙어사는 미역, 파래, 톳, 꼬시래기 등 해조류와 굴, 따개비, 소라, 고둥과 같은 패각류까지도 밀물과 썰물의 순환 속에서 하루하루를 평화롭게 살아간다. 작지만 어느 큰 섬이나 육지 못지않은 하나의 독립된 세계, 그 속에는 질서가 있고 만물이 살아가는 순리가 있는 '만다라'의 세계가 아니겠는가.

사람은 나이가 들어가며 무인도가 되어간다. 젊었을 땐 벌 나비처럼 찾아들던 친구들도 하나둘씩 곁을 떠나고 직장에서 은퇴하고 나면 나 홀로일 수밖에. 그래서 나이 들면 사람은 고독해지는 것이다. 그렇다고 홀로인 노인들에게 오직 외롭기만 한 것일까. 고독을 모르는 사람이 어찌 깊은 사유에 빠질 수 있으며 철학적 관념의 세계에 들 수 있겠는가. 삶의 목표나 의식이 없는 군중보다 오히려 홀로 서 있는 무인도 같은 노년이 더 축복일지도 모른다.

철학자치고 고독하지 않은 사람이 없었다. 헤르만 헤세는 "운명이 한 사람을 자아에게로 걸어가도록 길을 낸 게 고독이다."라고 했고, 쇼펜하우어도 "고독은 뛰어난 자의 운명이다."라고 했다. 외로움은 즐길수록 값진 것이다. 고독을 그냥 고독으로만 치부해서는 안 될 일이다. 그 속에 길이 있고 희망이 있음을 알아야 한다. 무인도가 가르쳐 주는 삶의 지혜이다.

요즘 나는 해 질 무렵이면 부쩍 나의 서재 창문을 열고 석양 하늘을 바라볼 때가 많다. 순간순간 아름다운 색으로 물들어 가는 하늘이 이처럼 아름다울 수가 있을까 감탄이 절로 나온다. 한낮의 작열하는 태양이 떠 있는 하늘보다 석양의 하늘에 더 매력을 느끼는 것은 아마 황혼에 접어든 나이 탓이리라. 붉게 물든 하늘 저편 피안의 세계도 저리 아름다울지 보이지 않는 내세까지 궁금해지기도 한다.

아무도 없는 무인도에서도 자신을 찾을 수만 있다면, 아무리 고독해도 자기를 사랑할 수 있다면 그것은 삶에 있어서 최고의 축복이 아니겠는가. 침묵을 지키는 무인도의 위대함을 깨닫는다면 무인도는 외로운 고도가 아니라 진정한 나만의 안식처가 될 것이다. 몇 평 남짓한 방에 홀로 갇혀 있지만 외롭지 않고 고독하지 않은 것은 고독 속에서 삶의 의미를 찾으려 고독을 되새김질하기 때문이리라.
 가끔 고향 앞바다에 떠 있는 무인도 장구섬이 생각난다. 언젠가 꼭 한번 그 섬에 가보리라. 지상의 샹그릴라가 그곳에 숨어 있을 것만 같기 때문이다.

매미의 일생

해 질 무렵 가벼운 복장으로 집을 나섰다. 집 뒤의 학교 운동장에서 매일 하는 걷기운동을 하기 위해서다. 두어 바퀴 운동장을 돌았을 때쯤, 어치 한 마리가 벚꽃나무 밑둥에서 맴도는 것이 눈에 띄었다. 무슨 일일까, 호기심이 발동하여 운동을 멈추고 조심조심 다가갔다. 주위를 살펴보았지만 어둑해서인지 아무것도 보이지 않았다. 바짝 몸을 숙이고 자세히 살펴보니 벚꽃나무 첫 번째 가지 밑에서 희미하지만 천천히 움직이는 물체가 눈에 띄었다. 매미 애벌레였다. 어치는 나무 근처를 서성이더니 못내 아쉬운 듯 까— 악 소리를 내며 다른 곳으로 날아가 버렸다. 조금만 늦었으면 큰일날 뻔했다. 지난 7년이라는 긴 세월을 땅속에서 숨죽여 살아온 매미 애벌레가 한순간에 어치의 먹이가 되어버렸을 것을 생각하니 아찔했다. 다행이다 싶어 매미 애벌레를 조심스레 집어 들고 곧장 집으로 발걸음을 재촉했다.

　매미의 일생은 참 처절도 하지. 어둡고 축축한 땅속에서 7년 동안이나 참고 살다가 겨우 지상에 나와 한 보름 동안 살려고 이리 고생을 하는가 싶은 측은한 생각이 머리에서 떠나지 않았다.

　집에 오자마자 세수대야에 물을 반쯤 채운 다음 편백나무를 깎아 만든 둥근 목침에 물을 적셔 한가운데 세웠다. 매미 우화 羽化의 모습을 직접 보고 싶어서였다. 매미 애벌레를 목침 아래에 붙여주었더니 위로 서서히 움직이기 시작했다. 밝은 빛을 싫어할 것 같아 형광등 대신 촛불을 켜주고, 숨죽인 채 앉아 매미 애벌레의 행동을 예의 주시하며 곁을 떠나지 않았다.

　매미 애벌레는 마치 고도의 훈련을 받은 침투 공작조 같았다. 은폐 엄폐를 하며 수시로 방향을 바꾸어 빛이 덜 비치는 안전한 곳을 통하여 목침 끝까지 기어올랐다. 안전하다 싶은 곳에 도착했을 무렵 앞다리로 목침의 모서리 부분을 꼭 붙들었다. 떨어지면 낭패가 된다는 사실을 본능적으로 인식하고 있는 듯싶었다.

　마침내 매미의 우화가 시작되었다. 지켜보는 나도 긴장되는 순간이었다. 한숨을 고른 다음 마지막 껍질을 벗을 준비를 하는 것 같았다. 갑자기 아랫배를 좌우로 힘차게 몇 번 흔들더니 가슴 부분의 등을 세로로 가르며 머리 부분과 몸통을 불쑥 내

밀었다. 순간 허리를 잽싸게 뒤로 젖히며 상체를 최대한 껍질로부터 이탈시킨 후 다시 앞으로 굽혀 벗어버린 허물의 머리 부분을 두 앞발로 단단히 잡고 힘을 주어 바지를 벗듯이 껍질로부터 꽁무니 부분을 쑥 빼내었다. 순간에 이루어지는 과정이었다. 아마도 시간이 늦으면 탈피하지 못하고 날개가 굳어 버릴 것 같아서일 것이다. 매미는 방금 탈피하느라 온 힘을 주어 기력이 완전히 소진되어서인지 그 여린 몸을 바르르 떨고 있었다. 잠시 후, 서서히 날개가 펴지며 우윳빛 색깔에서 투명하고 단단한 날개로 변해갔다. 날개 깃에서 투영되는 실핏줄 같은 그물 모양의 선들은 마치 나뭇잎에 그려진 잎맥같이 매혹적이었다. 완전한 매미의 형태가 되었다. 이 순간을 위하여 매미는 얼마나 초조해하고 긴장하며 기다렸을까. 생각만 해도 가슴이 떨렸다. 기적 같은 순간, 새 생명의 탄생 앞에서 경외감마저 들었다.

다음날 아침 창문을 열어주었다. 창가에 붙어있던 매미는 고맙다는 인사를 하듯 날개를 몇 번 파닥거리며 날갯짓을 하더니 푸른 하늘을 향하여 힘차게 날아갔다.

이제 그에게도 가장 중요한 의무가 하나 남아 있다. 짝을 찾는 일이다. 조용한 산속이나 시골에서야 큰 소리를 내지 않아도 짝을 쉬 찾을 수가 있겠지만 도시에서는 그렇지가 않다. 크고 많은 소음이 짝 찾는 일을 방해하고 있기 때문이다. 도심의 매미들이 유난히 큰 소리로 우는 것도 어쩌면 주위의 소리

보다 더 크게 울어야 짝을 찾을 수 있기 때문이지 싶다. 보름 동안의 시한부로 종족 보존의 의무를 다해야 하는 매미의 심정이야 얼마나 절박할 것인가. 시끄럽다고 소리치는 사람들이 야속하기만 할 것이다. 이 도시 공간 또한 사람들만의 것이 아니기에 이젠 매미와의 공존의 방법도 생각해 볼 일이다.

지금까지 나의 삶은 매미의 삶과 많이 닮았지 싶다. 어둡고 힘든 세상을 오직 앞만 보고 살아왔다. 카를 융Carl Jung이 말하는 발달 단계를 통하여 몇 번의 탈피를 하는 매미 애벌레처럼 생의 옷을 몇 번 갈아입었지 싶다. 이젠 나도 어둡고 힘들었던 세상에서 매미처럼 우화를 해야 할 시기가 아닌가. 자아를 초월해야 할 시점이다. 밖에서 들리는 소리에만 귀 기울일 것이 아니라 마음 깊은 곳에서 메아리치는 영혼의 소리를 들을 수 있어야겠다.

오늘도 무더위가 기세등등하다. 이에 질세라 아침부터 매미들도 여기저기서 울어댄다. 여름이 가기 전에 못다 한 울음을 다 울려나 보다. 나의 방에서 우화한 매미도 아마 저들과 함께 울고 있을 것이다.

종착역

조산 느티나무

예수님의 미소

해바라기

갈매기의 꿈

다순구미 째보선창

질풍노도疾風怒濤

몽돌의 차르르 따르르

조금새끼

종착역

 기차에 몸을 실었다. 창가 역방향 좌석이다. 목적지가 종착역 목포라는 생각에 울컥 그리움이 밀려온다. 뒤로 멀어져가는 풍경들이 마치 먼 옛날 아련한 추억의 파편들로 작은 소실점을 향해 하나둘씩 사라져 간다.
 목포에는 유달산이 있다. 중학교 시절, 유달산은 우리 교실에서도 바로 바라다보이는 산으로 나무 하나 풀 한 포기 없는 민둥산이었다. 카라반의 긴 여행을 마치고 사막 어느 한구석에 주저앉아 고달픈 다리를 쉬고 있는 쌍봉낙타처럼 유달산의 일등바위와 이등바위는 늦은 오후 덩그러니 지친 모습으로 긴 그림자를 드리우고 앉아 있었다. 국어 시간에 선생님은 이런 유달산을 바라보며 즉흥시를 읊으셨다. "하늘엔 하현달 유달산 밑에 나 하나" 선생께서 읊조리던 그 한 소절의 시구가 어찌나 내 가슴을 크게 울렸던지 지금도 우수에 젖은 선생님의 모습이 눈앞에 선하다. 그땐 곁에 아무도 없어 힘들고 외로워 유달산 밑에 나 홀로 서 있던 시절이었다. 선생님도 나와 같이 동병상련同病相憐의 마음이었을까. 이런 유달산과의 추억 때문인지 목포에 내려오면 나는 버릇처럼 유달산을 바라보며 먼저 인사를 건넨다.

유달산 기슭에는 부추밭이 널려있었다. 화학비료가 풍족하지 않던 시절 부추밭 모퉁이에 자리한 커다란 합수통에는 장군으로 퍼 날라 온 합수가 가득가득 고여있었다. 그 합수를 부추 농사를 짓는 거름으로 사용했다. 한번은 유달산을 오르다 잘못 밟아 합수통에 발이 빠지고 말았다. 얼마나 황당했던지 오르던 길을 포기하고 자췻집으로 돌아와 옷과 운동화를 벗고 몇 번을 목욕하고 발을 씻어도 악취는 며칠을 두고두고 사라지지 않았다. 그 후론 부추를 먹을 용기가 나지 않았다. 나는 단 한 번 합수통에 빠져 고통을 겪었을 뿐이었지만 날마다 부추밭에서 농사를 짓던 유달산 아래 달동네 사람들이야 얼마나 힘들었을지. 유달산이 지친 낙타의 모습으로 무릎 꿇고 앉아 있는 모습으로 보이는 것도 우연은 아니었지 싶다. 그들은 힘든 삶으로 고달팠고 나는 외로움으로 서러워서가 아니었을까. 지금의 유달산은 울창한 숲과 나무들로 잘 가꾸어진 아름다운 공원으로 추억의 그 부추밭 흔적은 찾을 길이 없다. 일등바위와 이등바위를 가로질러 관광객들의 감탄 소리로 가득한 케이블

카들만이 쉴 새 없이 오르락내리락하는 관광명소가 되었다.

유달산은 나의 유일한 안식처였다. 어머니가 보고 싶고 마음이 울적한 주말 오후면 가끔 유달산 일등바위에 오르곤 했다. 이곳에서 아스라이 먼 고향 땅을 볼 수 있기 때문이었다. 겹겹이 섬을 넘고 넘어 까마득하게 고향 뒷동산이 보이면 마치 어머니 얼굴이라도 보는 듯하여 눈물이 핑 돌기도 했다. 저녁 노을에 물들어가는 다도해에 넋을 잃어 해 지는 줄도 모르고 어둠이 들 때까지 홀로 우두커니 앉아 있었다. 발아래로 보이던 목포 시내의 조는 듯 가물가물한 가로등 그 수은등 불빛과 갯바위에 따개비처럼 다닥다닥 붙어있는 달성동 달동네 오두막의 희미한 백열등 불빛, 어스름한 초저녁 밤하늘 아래 펼쳐진 다도해의 졸리는 듯 노곤한 풍경들이 그때는 왜 그리 슬픈 설움으로 밀려왔던지….

우리 학교 뒷동네 양동陽洞은 거미줄처럼 골목길이 이리저리 얽혀 있는 소위 '양동육거리'라 불리는 달동네였다. 그리스 크레타섬에 살았다던 괴물 미노타우르스(Minotaur)도 한번 길을 잘못 들면 찾아 나오기 힘든 길 같았다. 이 동네 모퉁이에 내가 다니던 영흥중학교가 있었고 학교 정문 바로 앞에는 정명여자중학교 정문이 마주보고 서 있었다. 두 학교는 미국 남장로교회 선교회가 세운 기독교 학교로 개항 시 이 지역의 최초 서양식 교육기관으로 신사참배 운동으로 폐교가 되었다가 해방 후에 다시 개교한 역사 깊은 학교들이었다. 기독교 가정에서 자란 내가 이 학교에 입학한 것은 우연이 아니었던 것이다.

학교 앞 골목에는 허름한 풀빵 집과 쑥꿀래 떡집이 있었다. 학교가 끝나면 남녀 학생들이 참새 방앗간 찾듯이 모여들던 곳이다. 추운 겨울에 풀빵과 함께 마시던 새까만 주전자에서 팔팔 끓던 생강차와 꿀에 찍어 먹던 쑥꿀래떡 맛은 평생을 두고도 잊지 못할 추억의 맛이다. 학교에서 멀지 않는 곳에 있는 불종대 종일당의 아이스케키는 내 생전 처음 먹어본 얼음과자였다. 얼음과자라고는 고작 처마 밑에 달려있던 고드름을 따 먹던 것이 전부였던 시절이었기에 그것은 더욱 신기할 뿐이었다. "달고 시원한 아이스케키!"를 목청이 터져라 외치며 케키통을 짊어지고 땀을 뻘뻘 흘리던 아이들의 목소리가 지금도 생생하게 들린다. 중학교 2학년이었던 내 동생도 나 몰래 밤이면 아이스케키 통을 짊어지고 원진극장과 중앙극장을 드나들며 아이스케키를 팔았다고 했다. 우연히 동생들과 지난 삶의 이야기를 나누던 중에 동생이 고백하듯 하는 말에 나는 목이 메었다. 3년의 지독한 가뭄 때문에 동생이 학업을 포기하고 집으로 올라간 해였다. 이런저런 생각을 하면 목포는 나의 어린 시절 서러움이 서려 있는 곳이다. 그래서 목포란 말만 들어도 그만 눈물이 나는지도 모른다.

고등학교 시절 진이, 현이, 봉이 그리고 나는 함께 잘 어울려 다녔다. 신안 자은도, 비금도 그리고 선도가 고향인 우리는 모두가 섬 아이 들이었다. 주말이면 오갈 데 없는 우리는 가끔 왕자회사 빈터에 모여 시간을 보내곤 했다. 빨간 벽돌 굴뚝들이 하늘 높이 솟아있어 마치 신비로운 어떤 신전과도 같은 그로테스크한 분위기의 폐허 된 공장 터에서 무엇을 하며 지루한 주말들을 보냈는지 뚜렷한 기억은 없다. 아마 어미 곁을 떠나와 목메어 우는 송아지들처럼 고향이 그리워서가 아니었을까. 추억의 왕자회사 그 붉은 기둥들도 이제 사라지고 희미한 기억 속에 어른거릴 뿐이다.

어느덧 종착역이다. 큰딸이 맞이방에서 손을 흔들며 "아빠!" 하고 부른다. 딸아이가 부르는 소리에 정신이 번쩍 들었다. 오늘은 임플란트 수술을 받으러 목포에 왔다. 딸아이가 근무하는 치과병원에서 수술받기로 한 것이다. 어디서 수술을 받아도 상관이 없겠지만 왠지 목포로 가고 싶었다. 유달산이 있고, 어린 시절 내 추억이 있고, 내 딸이 있고, 형제들이 있고, 부모님이 잠들어 있는 목포. 그래서 난 목포를 잊지 못하는가 보다. 어쩌면 목포는 내 영혼이 잠들 종착역인지도 모른다.

오늘도 유달산을 마주보며 인사를 건넸다. "안녕, 잘 있었어." 유달산은 그때처럼 아무런 말이 없다. 지금도 유달산은 가난했던 그 시절을 잊지 못하고 있는 것은 아닌지 모르겠다.

조산 느티나무

 수구초심首丘初心이라 했던가. 여우도 죽을 때가 되면 자기가 살던 구릉을 향해 머리를 두고 초심으로 돌아간다는 말이다. 바꿔 말하면 죽어서라도 고향 땅에 묻히고 싶어 하는 마음이라는 뜻이다. 사람도 마찬가지가 아닐까. 고향뿐만 아니라 정들어 살았던 곳이면 죽기 전에 꼭 한 번쯤은 가보고 싶은 마음이 인지상정人之常情이다. 그래서인지 나의 초임지인 강진 병영이 그리워 정년퇴임 후 몇 년이 지나자 그곳에 가보고 싶은 마음이 꿀떡같았다.

 강진 병영에는 아주 흥미 있는 산이 하나 있다. 강진에 만덕산, 장흥에 수인산, 영암에 월출산 등 병영을 둘러싼 지역에 이름난 명산들이 있지만, 분지 산골 마을인 병영에는 마땅히 내세울 만한 산이 없었다. 그래서 이곳 사람들은 앞들 들머리에 흙무더기를 쌓아 느티나무 세 그루를 심어놓고 그곳을 조산이라 불렀다. 조산造山 또는 조산兆山이라 쓰기도 한다. 자존심이 얼마나 높았으면 없던 산도 다 만들어 냈을까. 하기야 전라좌우수영을 지휘통제했던 전라병영성이 있었고 또한 북한의 개성처럼 남한 보부상의 중심지였으니 그 정도의 자존심쯤은 당연하였으리라.

대학을 갓 졸업하고 병영상고에 초임발령을 받았다. 우리 가족은 바로 조산 느티나무 아랫집에 세를 들었다. 조산 느티나무에 둥지를 튼 셈이다. 세 든 집에는 우리 가족뿐만 아니라 몇몇 여학생들과 처녀 선생들도 자취하고 있어서 일종의 다가구 주택이었다. 이런 집에 남자는 달랑 나 혼자였으니 집안의 안녕을 책임지는 보안군 역할까지도 도맡아 해야만 했다.

조산 느티나무는 그 수격樹格으로 보아 믿음직했다. 어른 서너 명이 감싸도 닿을까 말까 하는 울퉁불퉁 단단한 근육질로 뭉친 듬직한 밑둥치와 사방팔방으로 용처럼 꿈틀대며 뻗어 나가는 구불구불한 가지들이 그 위용을 자랑했다. 집안에서 일어나는 일 하나하나를 지켜보며 우리 가족을 어떤 어려움에서도 막아주는 수호신 역할을 해주리라는 믿음을 주기에 충분했다. '나무는 큰 나무 덕을 못 보지만 사람은 큰 사람 덕을 본다.'라는 옛말이 있지만 난 '사람은 큰 나무 덕을 보고 산다.'라고 믿고 싶었다.

내가 수학여행을 인솔해 간 사이에 어린 세 딸들이 한꺼번에 홍역을 앓았다. 열이 팔팔 끓고 있는 아이들을 밤새 간호하느라 아내가 얼마나 힘들었을지 지금 생각만 해도 아찔해진다. 그러나 조산 느티나무 아래 사는 덕이었는지 우리 아이들은 모두가 무탈했다.

가을이면 앞마당에 서 있는 감나무에서 실하고 붉게 익은 감을 따 항아리에 갈무리하며 흐뭇해하던 일들이며, 집안사람들이 모두 느티나무 그늘에 둘러앉아 돌 판에 삼겹살을 구워먹던 모습도 이 나무는 지켜보며 흐뭇해 했을 것이다. 그뿐만 아니다. 한밤중에 고양이처럼 살금살금 울타리를 넘어 처녀 선생 방을 기웃거리던 엉큼한 총각 선생도, 뒤뜰 빨랫줄에 걸려있던 여자 속옷을 몰래 훔치려 탱자나무 울타리를 넘어오던 동네 총각들도 이 느티나무는 두 눈 부릅뜨고 지켜보았을 테다. 이럴 때면 믿음직한 조산 느티나무를 믿고 병아리를 훔쳐 달아나는 고양이를 쫓던 양반처럼 나는 모둠발로 뛰쳐나와 "야! 너 거기 서."라고 소리소리 지르며 뒤쫓아가 보지만, 화들짝 놀란 총각 선생은 쏜살같이 담장을 넘어 달아났고, 속옷을 훔친 동네 총각들은 탱자나무 울타리를 넘어 느티나무 뒤로 벌 쏘인 호말처럼 달아나곤 했다. 이렇게 우리 식구들을 지켜보며 보호해주는 조산 느티나무를 볼 때마다 나는 듬직한 마음이 들어 출퇴근길에 고개를 숙여 경의를 표하곤 했다.

해가 월출산 너머로 기울고 하늘이 온통 자줏빛으로 물들 무렵 하루 일을 마치고 퇴근하다 보면, 우리 아이들은 어느새 느티나무에 매미처럼 달라붙어 저만큼 걸어오고 있는 나를 향해 "아빠!" 하고 부르며 손을 흔들었다. 큰딸은 활동적이어서 한시도 집안에 앉아 있지를 못했다. 틈만 나면 조산 느티나무에 달라붙어살았다. 한 오백 년도 훨씬 넘어 속이 텅 빈 느티나무는 아이들이 놀기에 안성맞춤이었다. 어느 날 느티나무에서 놀다 떨어져 얼굴에 생채기를 내어 울며 집에 들어오는 딸에게 속이 몹시 상했지만, 그래도 천만다행이라며 안심시키고 다음부터는 느티나무 할아버지가 화나지 않게 조심히 놀라고 타일러 주었다. 이렇듯 느티나무는 우리 가족과 깊은 정을 맺고 한가족처럼 살았다.

그러나 그 정情도 잠시뿐 근무기간을 다 마치고 다른 임지로 떠나야 했다. 떠나기 바로 두 달 전에 막내딸 넷째까지 얻어 우리 가족은 새가 둥지를 틀어 새끼를 기른 다음 저 넓은 세상으로 날아가듯이 정든 조산 느티나무 아랫집에서 또 낯선 세상을 향해 이소離巢를 하게 되었다.

병영을 떠난 지 40여 년이 지난해 어느 봄날, 옛집이 그리워 찾아왔다. 그러나 그립던 옛집은 온데간데없고 빈터만 휑하니 조산 주차장으로 변해 있었다. 정들었던 조산 느티나무마저 앙상한 가지만 남아 쓸쓸하기 그지없다. 외롭고 고독한 나무로 서있었다.

조산 느티나무는 홀로 고독을 견디며 무상한 세월을 살아왔을 것이다. 그래도 한 가닥 기다림은 남아 있지 않을까. 품에서 살다 간 생명들이 언젠가는 그 품이 그리워 다시 찾아오리라는 희망을 품고 하루하루 고독을 이기며 살아가고 있는지도 모른다. 우듬지에는 텅 빈 까치집 하나만 덩그러니 걸려있다.

예수님의 미소

나는 태어날 때부터 약골弱骨이었다. 나를 임신했을 때 돼지고기가 먹고 싶었지만, 돈이 없다는 핑계로 아버지께서 고기를 사 오지 않아 그걸 먹지 못해 얼마나 서운했는지 모른다고 어머니께서 말씀하시곤 했다. 내가 어려서부터 잔병치레를 자주 하고 몸이 약한 것이 그때 돼지고기를 먹지 못한 것 때문이라는 것이 어머니의 지론이다. 나는 어린 시절 등에 업혀 다닐 때도 힘이 없어 고개를 똑바로 들지 못했고, 저녁을 먹지 않고 잠자리에 들 때면 다음 날 아침에 힘이 없어 일어나지도 못했다. 어려서 자주 앓아누운 것도 기억이 또렷하다. 그러나 초등학교에 들어가고부터는 건강을 크게 걱정하지 않았던 것 같다.

그런데 오십 대 후반이 되면서부터 건강에 이상 신호가 다시 오기 시작했다. 선천적으로 약한 체질에 인문계고등학교에서 진학지도로 인한 과로와 심한 스트레스로 몸에 무리가 왔던 모양이다. 대상포진이 먼저 찾아오더니 위장과 장에도 위험 신호가 왔다. 위장은 위암 초기로 박막 제거 수술을 했고 그 후유증으로 대장이 헐어 혈변이 그치지 않자 목포에서 서울까지 구급차에 실려 가 한 달 정도 서울 삼성의료원에 입원하기도 했었다. 또 지방간과 고지혈증이 있어 항상 피곤하고 땡볕에 시든 나뭇잎처럼 늘 기운 없이 푹 처져 있었다. 간과 위장 그리고 대장이 약하다 보니 향기 그윽한 커피도, 담백한 맛 녹차도, 감칠맛 나는 싱싱한 생선회도, 구수하고 달콤한 빵이나 국수 같은 맛있는 밀가루 음식도 그림의 떡이었다. 그 대신 거칠고 맛없는 건강식이라는 먹거리만을 골라 먹을 수밖에 없어서 삶의 질이 무미건조하였다.

정년퇴임을 하고 지공대사란 달갑지 않은 훈장을 얻은 후부터는 더 몸이 약해지는 기분이 들었다. 사회 활동을 하다가 갑자기 멈춰서니 생체리듬이 교란된 모양이다. 그래서인지 약봉지가 나의 방 책장 위에 하나둘씩 늘어나기 시작했고 몸에 좋다는 건강보조식품도 줄줄이 앞다투어 들어왔다. TV를 봐도 건강식품이나 건강 프로그램 채널이 단연 으뜸이 되었다. 그렇다고 허약한 체질이 금방 건강한 체질로 바뀌는 것도 아니다. TV 화면에 소개되는 유명 맛집에서 맛있게 먹는 사람들이 그렇게 부러울 수가 없다.

삶에 있어서 가장 중요한 것이 무엇일까. 평생을 살아오면서 한때는 돈, 명예, 권력 등 세속적인 것들에 최고의 가치를 둔 적도 있었다. 그러나 돈이야 삶을 좀 편리하고 풍요롭게는 할 수는 있다지만 나이 들어 건강을 잃으면 돈으로도 살 수 없는 것들이 많다는 사실도 알게 되었다. 명예도 그렇다. 젊고 팔팔할 때야 명성을 얻으면 어깨가 으쓱해지고 세상을 다 가진 것 같은 생각이 들겠지만 나이 들어 기력이 쇠해지면 그것 또한 물거품에 지나지 않는다. 권력은 또 어떤가. 화무십일홍花無十日紅이요, 권불십년權不十年이라는 말이 있듯이 최고의 자리에 이르기까지 안간힘을 다해 겨우 정상에 올랐다 싶어지면 어느새 다시 내려가야만 하는 것이 세상의 이치다. 그러니 삶에서 특히 노년에 있어서 가장 중요한 것은 뭐니뭐니 해도 건강이 제일이 아닐까 싶어진다.

최근에 위장과 대장 상태가 더 나빠지는 느낌이 들었다. 소화가 안 되고 속이 메스껍고 기력이 떨어진다. 그래서 부랴부랴 동네에서 가까운 가톨릭대학교 은평성모병원을 찾았다. 병원 1층 로비에는 앉아있는 예수님상이 설치되어 있었다. 청동으로 제작된 등신상等身像이다. 오른손에는 종려나무 가지가 들려있고 왼손은 앞을 향해 가볍게 내밀고 있다. 왼손 엄지손가락과 손바닥이 유달리 반질거린다. 로마 성 베드로 성당 입구에 서 있는 베드로상의 엄지발가락이 순례자들의 손길과 입맞춤으로 닳아 반질거리듯이 이곳 예수님의 손도 많은 사람의 손을 탄 모양인지 마치 기름을 발라놓은 듯 반질거린다.

예수님상 곁에 가서 조용히 앉았다. 뒤에 놓여있는 손 소독제를 바른 다음 예수님의 손을 잡았다. 차가운 청동인 줄 알았는데 무엇인가 따뜻한 느낌이 내 몸으로 전해져 왔다. 순간 예수님께서 인자한 눈빛으로 지그시 나를 바라보시며 말씀하시길, "믿는 자에게는 능치 못할 일이 없느니라. 네가 나를 믿느냐."라고 하시는 것 같았다. "아멘!"이라고 얼른 화답했다. 잠시 침묵이 흘렀다. 열두 해를 혈우증으로 앓던 여인이 생각났다. 예수님이 제자들과 함께 동네 앞을 지나가실 때 예수님의 옷자락을 만지므로 앓던 혈우증이 깨끗이 나은 기적 같은 사건이었다. 난 이렇게 위장과 장이 나빠 고생을 하는데 왜 치료가 되질 않는 것일까. 예수님을 알게 된 지도 교회학교 시절부터니까 한평생을 크리스천이라는 이름으로 살아왔지만 내 병 하나 예수님의 치유 능력으로 고침 받지 못하고 살아가고 있으니 분명 나의 믿음이 약한 것이 분명하지 싶어졌다.

내가 예수님과 대화를 나누는 도중에도 몇몇 사람들이 그 앞에 서서 두 손을 모아 기도를 드리고 또는 묵례하며 지나갔다. 또 어떤 사람들은 예수님의 손을 만지며 한참 묵상에 젖기도 했다. 내가 화장실을 다녀오느라 잠시 자리를 비운 사이에 한 중년 여인이 내가 앉아있던 자리를 차지하고 예수님과 대화를 나누며 두 눈을 예수님의 눈과 마주하고 간절한 마음으로 로사리오 기도를 드리고 있었다.

예수님은 하늘나라 사역을 할 때 특히 병든 자들을 고치는 이적을 많이 행하셨다. 예수님 말씀 한마디에 죽은 자도 살아났고, 벙어리도 말문을 열었고, 눈먼 자도 눈을 떴고, 귀신 들린 자들도 모두 치유되었다. 예수님께서는 이런 이적을 행하실 때마다 믿음이란 바라는 것들의 실상이요, 보이지 않는 것들의 증거라며 믿음이 있어야 한다고 강조하여 말씀하셨다.

 진료 차례가 되어 담당 의사 선생님 방으로 들어갔다. 담당 의사는 검사 결과를 해독과 판독을 한 다음 약을 처방해주었다. '약을 먹고 낫지 않으면 다시 내원하라.'고 덧붙여 당부까지 했다. 진료가 끝나고 방을 나서자 건너편에 앉아있는 예수님께서 나를 바라보며 '걱정하지 마라. 네 믿음이 널 치유하느니라.'라며 다시 빙그레 미소를 짓고 있다. 나도 예수님을 바라보며 따라 빙그레 미소를 지었다.

해바라기

 우리 집 거실 식탁 위에는 해바라기 유화 한 점이 걸려있다. 여덟 개의 노란 해바라기 꽃송이가 예쁜 화병에 담겨 사이좋게 얼굴을 맞대고 환하게 웃고 있는 그림이다. 해바라기 그림을 집에 걸어두면 부와 행운이 들어온다는 항설巷說 때문인지 아내의 학창시절 친구가 손수 그린 해바라기 그림을 집들이 때 가져와 걸어주었다. 의미 있고 정성이 가득한 선물이 아닌가. 식탁에 앉아 식사를 할 때마다 그림을 바라보면 내 마음도 활짝 핀 해바라기처럼 환해진다.
 그리스 물의 요정 클리티아(Clytia)는 사랑을 배신하고 떠나 마차를 몰며 하늘을 나는 태양의 신 헬리오스(Helios)가 다시 자기에게 돌아오기를 간절히 기다리며 바라보다가 그만 지쳐 쓰러져 죽어 해바라기가 되었다는 애절한 전설이 있다. 절절한 사무침은 꽃이 되나 보다. 달을 기다리다 꽃이 되어버린 슬픈 달맞이꽃이나, 이루지 못할 사랑의 애절함으로 피어난 상사화, 사모하는 사람을 담장 너머로 바라보다 꽃이 되었다는 처연한 능소화처럼, 태양만을 바라보다 꽃이 되어버린 가련한 해바라기도 같은 운명의 꽃이지 싶다. 하여 오매불망 사모하는 태양이 지구로 가까이 다가오는 뜨거운 여름이 오면 해바라기는 기다렸다는 듯이 활짝 꽃으로 피어나는 것이리라.

우리 집 뒤꼍 장독대 뒤에는 해바라기가 줄지어 서 있었다. 쑥쑥 자라는 해바라기는 모두가 한 방향으로 고개를 향했다. 우향우! 좌향좌! 논산 신병훈련소 훈련병들마냥 누군가의 구령에 따르듯 아침부터 저녁까지 같은 방향을 바라보았다. 태양이 하늘에 떠있는 맑은 날에도 구름에 가려 흐린 날에도 비가 오거나 바람이 불어 궂은 날에도 해바라기는 열병식 하는 병사들이었다. 향일성이라 했던가. 다른 꽃에 비해 유달리 태양만을 바라보는 꽃은 오롯이 해바라기뿐이었다.

우주에는 해바라기처럼 오로지 태양만을 바라보며 살아가는 별들도 있다. 수성, 금성, 지구, 화성, 목성, 토성, 천왕성, 해왕성, 명왕성이라는 별들이다. 이들은 태양의 치마폭에서 벗어나지 못하고 그의 주위를 빙빙 돌며 살아간다. 이들을 태양계라 부른다. 그리고 보면 태양만을 바라보는 속성으로 보아 해바라기도 태양계의 한 족속이 아닐까.

사람들은 민들레를 일편단심 꽃이라고들 말한다. 그러나 오로지 한곳으로 향한 마음으로 해바라기에 견줄 수 있을까. 한 번만 마음 주면 영원히 변치 않는 일편단심의 꽃은 해바라기다. 태어나면서부터 죽을 때까지 태양만을 바라보며 그의 행적을 한순간도 놓치지 않고 따라가는 해바라기야말로 지고지순한 사랑의 화신이 아닐까 한다.

남산타워 난간에는 수많은 자물통이 걸려있다. 영원히 변치 말자는 약속일 터이다. 그 수많은 사랑을 맹세한 자물통들, 그 약속을 그대로 지키는 사람들이 얼마나 될까. 굳게 맹세한 사랑도 헌신짝 버리듯 하는 요즘 세태로 보면 그들 중 변심한 사람들도 많을 것이다. 또 다른 사람과 손잡고 남산에 올라 사랑 맹세를 하고 다른 자물통을 걸었을지도 모를 일이다. 해바라기는 인간들의 가벼운 이런 변심을 무어라 말할까. "그래 인간이 다 그렇지 뭐. 그들이 진정한 사랑이 무엇인지 알겠어?"라고 삐죽거릴 것만 같다.

수많은 노란 꽃 중에 해바라기만큼이나 가슴에 와닿는 꽃도 없다. 다른 꽃에 비해 해바라기는 붉은 장미처럼 고혹적인 것도 아니고 라벤더처럼 향기가 고매한 것도 아니다. 어쩌면 껑충 큰 키에 꽃 하나 달랑 머리에 이고 보릿대춤을 추는 듯한 해바라기가 멋쩍어 보일지도 모르지만, 태양을 향한 순수한 열정과 변함없는 사랑 때문에 해바라기는 일편단심의 상징으로 사람들의 가슴 속에 깊이 자리하고 있는 것일 게다.

빈센트 반 고흐는 이런 해바라기를 즐겨 화폭에 담았다. 노란색을 유달리 좋아했던 고흐, "태양과 햇빛을 나는 달리 표현할 수 없어 노란색, 옅은 유황색, 연한 황금색, 레몬색이라 부른다. 이 얼마나 아름다운 색인가." 그는 바로 해바라기에서 태양의 색을, 태양의 속성을 발견한 것이다. 생명의 시원인 태양이 바로 해바라기를 통해서 그의 눈에 투영된 것이리라. 프랑스 남부지방 아를에서 그가 살던 집도, 그가 잠자던 방도, 화폭의 배경 색깔도, 그 속에 그려진 해바라기도 태양의 색 노란색으로 한결같았다. 가슴속 깊이 이글거리는 열정과 꿈틀거리는 삶에 대한 욕망을 예술로 승화시켜 화폭에 노란 해바라기로 담아낸 것이리라. 옛 잉카인들이 태양을 신으로 받들고 해바라기를 신의 아들로 숭상했던 것처럼 아마 그도 해바라기를 태양의 아들로 숭배하지 않았을까.

살아오면서 해바라기처럼 누군가를 죽도록 사모해 본 적이 있었던가. 뜨거운 열정으로 진리를 추구하며 갈구해 본 적이 있었던가. 영혼을 위해 밤새 울부짖으며 뜨거운 기도를 해본 적이 있었던가. '심령이 가난하고, 의에 주리고 목마른 자'는 복이 있다는데 갈급한 심정으로 세상을 살아 본 적이 있었던가. 해바라기가 죽비가 되어 내 등짝을 힘껏 후려 내리친다.

태양을 사모하는 해바라기. 자라서 꽃이 피고, 열매를 맺고 결국에는 사위어가는 해바라기의 한 생애는 시작과 끝이 없는 우주 질서의 성스러운 한 과정이다. 혹자는 모든 물상의 종착점은 무화無化라고들 하지만 해바라기의 죽음은 무화가 아니라 새로운 생명의 탄생이다. 희망이다. 해바라기가 그토록 태양을 흠모하는 것도 바로 새로운 생명의 탄생이라는 우주의 본질을 갈구해서일 것이다.

식탁에 앉아 벽에 걸려있는 해바라기를 바라본다. 해바라기를 사랑하는 아내의 친구도 빈센트 반 고흐처럼 열정과 그리움을 가슴속으로 삭이며 저 해바라기를 그렸을 것이다.

가평 자라섬에는 올해도 해바라기가 피어났을까. 영혼의 꽃 해바라기는 뜨거운 감정으로 태양을 향해 소리 없는 함성을 외칠 것이다. 영원히 당신만을 사랑한다고. 그리워한다고……. 지금쯤 해바라기가 무리지어 피어나 있을 자라섬으로 카메라를 메고 떠나고 싶다.

갈매기의 꿈

 남쪽 바다를 행해 내달리다 잠시 숨을 고르려 멈춰 선 노령산맥 끝자리, 다도해를 바라보며 우뚝 솟아있는 목포 유달산 일등바위 위로 한 마리 갈매기가 끼룩끼룩 날고 있다. 바다 위를 저공비행 하며 먹이를 찾는 수많은 갈매기와는 달리 왜 저 새는 높은 창공을 날고 있을까. 문득 리처드 바크의 소설 〈갈매기의 꿈〉 주인공 조나단이 생각난다.
 조나단은 다른 갈매기들과는 달랐다. 그는 먹이를 찾아 비행하는 대신 하늘에서 무엇을 할 수 있는지에 대해 더 많은 관심을 둔 새였다. 그의 비현실적인 행동에 다른 갈매기들의 비난이나 심지어 부모의 걱정스러운 충고에도 아랑곳없이 비행에 대한 그의 의지를 저버리지 않았다. 그리고 더 높이 날고 더 멀리 보는 새가 되고 싶었던 것이다. 그것은 단순한 비행

연습이 아니라 아마 자기 자신의 정체성과 무한한 자유를 찾아가는 길이었으리라.

옛 목포에도 높은 하늘을 나는 갈매기처럼 이상을 좇던 한 청년이 있었다. 희곡작가이자 문학비평가였던 김우진, 그는 목포 최초의 예술가로 근대극을 개척한 인물로도 평가되는 사람이다. 그동안 묻혀있던 그의 문학적 업적이 최근에 활발하게 재조명되고 있다. 목포의 모던 보이 1세대이자 최초 예술가였던 그의 흔적을 찾아 '김우진 거리'를 걸어본다.

'김우진 거리'는 목포 북교동 옛 불종대에서 화신약국 옆 북교길을 따라 북교동 성당에 이르는 오르막 골목길에 조성되어 있다. 골목길에는 김우진의 작품 및 평론을 간략하게 정리하여 담벼락에 글과 함께 그림으로 그려놓았다. 개화기에 현실을 초월한 한 예술가의 사상과 이상의 세계를 엿볼 수 있는 정겨운 골목길이다.

'김우진 골목길'에 들어서자 더욱 감회가 새롭다. 골목길 들머리에 있던 '장학관', 신안군 소재 기독교 성결교회 출신 아이들이 기숙하던 합숙소, 이곳에서 고등학교 시절 거의 일 년 동안 머물렀던 때가 있었다. 장학관 생활이 힘겹고 외로울 때면 홀로 유달산에 오르던 그 골목길이 아니던가. 젊은 날의 김우진도 이상과 현실 사이의 괴리에 마음이 괴로울 때면 옷깃을 곧추세우고 바지 주머니에 손을 푹 찔러 넣고서 하늘을 바라보며 이 골목길을 터벅터벅 홀로 걸었을 테다.

김우진은 현실보다는 이상을 찾아 떠났던 사람이다. 장성군수를 지낸 아버지 김성규의 장남으로 그는 어린 시절 현 북교초등학교를 마치고 18세가 되던 해에 농업개혁가였던 아버지의 뜻에 따라 일본 구마모토 농업학교에 진학하지만, 그것은 자신의 뜻이 아니었다. 오로지 그가 하고 싶은 공부는 문학이었다. 그래서 1918년 와세다 대학 예과에 입학하여 영문학을 전공하였다. 대학시절부터 연극 활동을 하며 유학생들과 함께 '극예술협회'를 조직하여 활동하기도 했다. 1924년 대학을 졸업하던 해, 귀향하여 약 2년 동안 목포 아버지 김성규의 저택 '성취원成趣園'에 머물며 가업관리와 글쓰기를 병행하며 지냈다. 그곳이 현 북교동 성당 자리다.

  그가 목포에 머물고 있던 동안 한국여성문학의 선구자 박화성과의 인연도 흥미롭다. 김우진은 일본유학을 준비하고 있던 박화성에게 영어를 가르쳐주었다. 북교동 성취원에서 양동에 살고 있던 박화성의 집까지 눈이 오나 비가 오나 하루도 거르지 않고 꼬박꼬박 걸어 다니며 다섯 달 동안 영어를 가르쳐준 덕분에 일본여자대학 영문학부에 합격할 수 있었다고 박화성은 회고하고 있다.

  선구적 문학 활동을 하던 김우진이 가수 윤심덕과 함께 일본 하관下關을 떠나 부산으로 향하던 관부연락선 갑판에서 대마도 해협을 지나던 중 어둑새벽에 돌연히 현해탄에 몸을 던진, 세상을 떠들썩하게 하는 사건이 벌어졌다. 이들의 갑작스런 죽음에 대해 한 신문은 〈현해탄 격량 중에 청춘남녀의 정사. 극작가와 음악가가 한 떨기 꽃이 되어 세상 시비 던져두고 끝없는 물나라로.〉라는 제목을 뽑아 신문에 실었다. 장래가 유망한 두 사람의 안타까운 죽음을 애도한 것이었으리라. 두 사람의 홀연한 현해탄 정사 후 많은 젊은 남녀들의 모방 자살도 잇따랐을 정도로 이들의 죽음은 세간의 화젯거리였다. 촉망받던 극작가와 음악가인 두 사람의 죽음이 세간 사람들에게 얼마나 큰 충격과 안타까움을 주었을지 가히 짐작이 가고도 남는다.

그들의 죽음은 현실과 이상 사이의 넘을 수 없는 벽 때문이 아니었을까. 문학에 대한 열정으로 문예운동을 통한 사회참여라는 방법을 택해 보지만 현실의 벽은 높았고, 또한 슬하에 남매가 있는 가장으로서 윤심덕과의 이룰 수 없는 사랑에 빠져 마음의 고통도 컸을 것이다. 윤심덕 또한 신여성으로 살고 싶은 자신의 욕구와 전통사회가 요구하는 여성상 사이에서 갈등을 벗어날 수 없었으니 그녀가 부른 〈사의 찬미〉처럼 현해탄 정사는 어쩔 수 없는 그들의 선택이었으리라.

나이 30에 세상을 떠난 그의 작품은 미발표작을 포함하여 겨우 다섯 편에 불과하지만 그가 한국문학계에 미친 영향은 지대하다. 그의 작품과 문학세계가 선구자로서의 면모를 보여줬기 때문이다. 문학적 근대성과 시대상이 잘 표현되어있는 그의 희곡은 1925년에 한글로 집필한 최초의 근대극이었으며,

그가 사망 직전인 1926년에 쓴 작품 〈난파〉와 〈산돼지〉는 한국 최초의 표현주의 희곡이자 당대 신파극을 극복하는 실험극이었던 것으로 평가받고 있다.

목포는 예향의 도시다. 김우진이란 특출한 선구자가 있어서 문화와 예술이 싹트고 꽃이 피어날 수 있었던 곳이 아닌가. 이 고장에 한국문학을 대표하는 내로라하는 문인들이 줄줄이 꽃으로 피어났던 것도 김우진이 뿌려놓은 문학의 씨앗 덕분이리라.

유달산 일등바위 하늘 높이 날던 한 마리 갈매기, 그 새는 현해탄에 몸을 던진 김우진의 넋이 환생한 것은 아니었을까. 그는 지금도 유달산 일등바위 위에서 먼바다 다도해 너머 수평선을 바라보며 이루지 못한 자신의 꿈을 꾸고 있을지도 모른다.

다순구미 째보선창

이름부터가 흥미롭다. 하필이면 왜 째보선창일까. 째보란 언청이를 낮춰 부르는 일종의 비속어지만 그 이름이 그렇게 들리지 않고 왠지 정겨운 뜻으로 다가온다. 그곳에는 목포사람들의 애환이 어린 추억과 그리움이 젖어있어 잊히지 않는 장소라서 그럴 것이다.

목포는 고종황제의 칙령반포로 개항과 동시에 앞 선창을 개발하고 이어 다순구미 앞 개펄을 메워 선창을 축조했다. 이때 매립지를 곧바로 쌓지 않고 ㄷ자 형태로 꺾어 넣어 선창 안벽이 언청이처럼 안쪽으로 들어갔다 해서 째보선창이라 불렀다. 그러나 지금은 유달산 일주도로가 놓여 사라진 목포 사람들만의 옛 추억 속의 장소다.

> 목포 대반동 째보선청 뒤켠/ 바다를 목숨처럼 끌어안고/ 깡다리젓 밴댕이젓 송어젓 육젓 파는/ 붙박이 언챙이 뻘둥할매/ 굵은 철사 동여맨 항아리 속에는/ 지금 마파람이 아우성이다./ 어쩌자고 먹어줄 사람 하나 없는/ 저들만의 잔칫상을 차리는 것일까/ 테맨 항아리 수북이 움트는 소금 꽃 위로/ 갯바람 버무린 주름살이 덩달아 피어난다.
> (중략)
>
> — 최영록, 〈째보선창 할매별곡〉

째보선창 뒤켠에서 젓갈 파는 째보 할머니의 모습이 어쩌면 우리네 어머니 모습을 꼭 닮았을까. 힘들고 어려웠던 시절 자식들을 먹여 살리려 허리가 굽도록 일만 하던 우리 어머니의 모습이다. 아니 다순구미 우리 형수님 모습이 아닌가. 박가분 냄새 대신 곰삭아 구수한 젓갈 냄새가 더 생각나게 하는 우리네 어머니. 그랬다. 그 시절 우리 어머니께서는 형언할 수 없는 야릇하며 구수한 어머니 냄새가 치마폭에서 묻어났었다.

내화벽돌공장 뒷마을 온금동, 옛말 다순구미는 이름만큼이나 따뜻하고 아늑한 동네였다. 아마도 목포에서는 가장 먼저 봄이 찾아오는 마을이었을 게다. 그것도 그럴 것이 아침에 해가 떠 용머리를 넘어갈 때까지 온종일 해가 지지 않는 동네였으니 옛 이름마저 다순구미라고 불렀는지도 모른다.

이 정겨운 다순구미에 사촌형님네가 아들 셋, 딸 둘 자식

다섯을 낳고 오순도순 살았다. 문득 목포 째보선창이 생각나 큰조카에게 전화를 걸어 물었더니 생생하게 기억하고 있었다. 째보선창은 어릴 적 그들의 놀이터였다. 특별한 놀이 장소나 기구가 없던 시절 또래 아이들이 째보선창에 모여 발가벗고 짱뚱어처럼 첨벙 바다로 뛰어들어 수영을 하며 노는 것이 그들의 일과였다. 배짱이 있는 아이들은 바다에 뛰어들어 썰물에는 조류를 따라 용머리 끝에까지 수영해 가고 또 들물 때까지 기다렸다가 헤엄을 치면 째보선창까지 무사히 돌아올 수 있어서 해가 지는 줄도 모르고 놀았단다. 오직 재미로 놀기만 했을까. 이곳 째보선창에서는 중선배를 타고 고기잡이 나간 아버지를 기다리는 '조금새끼'들도, '세종호'를 타고 집 떠난 아버지를 기다리는 우리 조카들도 용머리를 돌아 배들이 목포항으로 들어올 때면 혹시나 아버지가 탄 배가 아닐까 하고 모가지를 길게 빼고 서서 배를 바라보며 눈을 떼지 못했을 테다.

형님은 어려서부터 바다로 나갔다. 넓고 깊은 바다를 꿈꾸었던 것이었을까. 새로운 삶에 대해 희망을 품고 운명의 주인공이 되어 세상 파도를 헤치며 앞을 보고 전진하고 싶어서였을까. 그건 아닐 것이다. 가난한 현실이 그를 바다로 어려서부터 내몰았는지도 모른다. 형님은 초등학교를 졸업하고 여객선 선원이 되었다. 배에서 허드렛일을 하며 갖은 고생도 했을 것이다. 배에서 뼈가 굵어 청년이 된 형님은 구레나룻 검실검실한 듬직한 멋진 마도로스였다. 아침에 뱃고동 소리를 뒤로하고 목포항을 출발하면 오후 늦게 목적지 낙월도에 도착하여 그곳에서 일박하고 다음 날 오후에 다시 목포항으로 돌아오는 항로를 오갔다.

젊어서부터 지병으로 고생하던 형님은 나이 40대 초반에 어린 자식 다섯을 아내에게 맡기고 저세상으로 먼저 떠났다. 어찌 눈이나 제대로 감고 가셨을까. 고향에 올 때면 항상 큰어머니 무덤에 엎드려 등을 들썩이며 흐느껴 울던 형님의 모습이 눈앞에 선하다. 마음이 따뜻하고 다정했던 형님이었는데. 내가 서산동에서 자취하며 중학교에 다닐 때 선창에서 만나면 중국집에 데려가 짜장이나 짬뽕을 사주며 맛있게 먹으라고 한마디하고는 등을 다독여 용기를 북돋아 주던 형님의 자상한 모습이 새삼 그립다.

또한, 젊은 나이에 남편을 먼저 보내고 자식들 먹여 키우기 위해 온몸이 부셔져라 온갖 궂은일도 마다하지 않던 형수님을 생각하면 가슴이 절로 미어진다. 누구 하나 도와줄 사람도 없고 어린 자식들 다섯과 힘든 세상을 헤쳐나가기가 얼마나 힘들었을지. 삶의 무게가 천근만근이나 되었을 것이다. 그래도 누구에게 원망 한마디하지 않고 운명이라 여기며 열심히 살았다. 자식들 모두 잘 키워 놓고 남편 뒤따라가셨으니 얼마나 당신은 자랑스러웠을까. 아마도 천국에 가 남편을 만나 자식들 잘 키웠노라고 자랑을 하셨을지 아니면 원망을 하셨을지 궁금해진다. 아마도 두 사람은 손 꼭 잡고 서로 고생했다며 다독이고 회포를 풀지 않았을까 싶다.

다순구미 형수님은 누가 보나 훌륭한 어머니였다. 언젠가 문안 차 집에 들렀을 때 시장으로부터 '장한 어머니상'을 받았노라고 자랑 겸 상장을 내보여주셨다. 두 손을 꼭 잡아드렸더니 형수의 눈에서 뜨거운 눈물이 주르륵 흘러내렸다. 당신은 당신이 마땅히 해야 할 일을 했을 뿐이라고 생각하시는 것 같았다. 상장 하나가 어찌 형수님의 고단했던 일생을 다 말해 줄 수 있을까마는 그 상장은 형수님의 자랑스러운 삶의 면류관으로 빛나 보였다. 어쩌면 우리 어머니와 형수의 삶이 이처럼 똑닮았는지. 오직 자식들을 위한 희생적인 삶을 살다간 두 여인의 일생을 데자뷔로 보는 것 같아 눈시울이 뜨거워졌다.

다순구미 큰 우물 오른쪽으로 돌아 골목길 딸각다리를 오르면 위에서 세 번째 나지막한 오두막집 하나. 그곳이 우리 형님과 형수님 그리고 조카들이 살았던 보금자리였다. 지금은 모두 떠나고 빈 둥지로 남아 있지만 얼마나 아늑하고 정겨운 집이었던가.

가난한 사람들이 모여 살던 온금동 다순구미도. 목포 사람들의 애환이 서려있는 째보선창도, '조금새끼'들 뛰놀던 서산동 보리마당도 이제는 모두가 다 봄날 청보리밭 너머에 피어나는 아지랑이처럼 아른아른 정겨운 아름다움으로 피어오른다.

질풍노도 疾風怒濤

 그날도 북서풍이 세차게 불고 있었다. 끝없이 밀려오는 집채만 한 파도가 갯바위에 부딪히며 산산이 부서져 하얀 물보라를 일으켰다. "처……르썩, 처……르썩, 척 쏴……아" 부서지는 파도는 한참을 밀려갔다가 또다시 갯바위를 향해 땅벌 쏘인 뿌사리처럼 밀려들었다. 바다는 격정에 겨워 울부짖고 있었다. 바다도 저리 화날 수가 있구나 싶었다. 아들과 나는 하트해변 '하느 넘' 바람의지 언덕배기에 나란히 앉아 성난 바다를 말없이 바라보았다.
 아들은 중학교 2학년이었다. 요즘 가장 무서운 세대가 중2라고 하지 않던가. 그때도 그랬다. 아들은 내가 집에 없는 동안 춤에 빠졌다. 한참 유행하던 브레이크 댄스 비보이 춤이었다. 주말에 집에 가면 아들은 보이지 않았다. 한밤중이 되어도 집에 들어올 줄 모르는 아들을 찾아 나서면 아들은 아무도 없는 평화광장 한복판에서 헤드셋을 쓰고 머리를 땅에 댄 채 팽이처럼 빙글빙글 돌고 있었다. 아버지가 찾아온 줄도 모른 아들은 한참 후에야 인기척에 춤을 멈추고 비틀거리며 일어섰다. 이마에는 땀이 줄줄 흐르고 옷은 흠뻑 젖어있었다.

자신이 좋아하는 것에 빠져있으니 당연히 학업 성적은 최하위. 겨울방학이 되자 나는 아들을 데리고 깊은 섬 비금도에 들어왔다. 아들의 학업성적을 올리기 위해 기본 학습부터 직접 가르쳐 볼 요량이었다. 방학이라고 해도 학교 방침에 따라 특별수업을 진행해야 해서 아들을 데리고 섬으로 들어올 수밖에 다른 도리가 없었다. 아들도 나의 간곡한 부탁에 동의했지만 아마 강요에 의한 억지춘향이 노릇을 한 것이었을 게다. 혹시 단단히 마음먹고 공부를 해야겠다고 결심을 한 것일지도 모른다. 그러나 미달한 기초 학력을 그리 쉽게 따라잡을 수 있는 것은 아니다. 이미 뒤떨어진 기초 학력을 짧은 시간에 따라잡으라고 채근하는 것은 뱁새에게 황새걸음을 쫓아가라고 닦달하는 것과 진배없는 짓이다. 그래도 부모 마음인들 어찌 가만히 두고 보고만 있을 수 있는 일인가. 승진한답시고 깊은 섬에 들어가 아들을 돌보지 못한 죄책감 때문에 할 수 있는 일은 다 해보고 싶은 것이 부모의 마음이 아니겠는가.

넘실대며 밀려오는 바다를 바라보며 그때 아들에게 무슨 말을 했는지 특별히 기억이 나지 않는다. 아마 '지금도 늦지 않았으니 열심히 하면 따라갈 수 있을 거야.' 정도의 말이었을 것이다. 그렇다고 이런 말이 아들 귓속에 들렸을 리는 만무하다. 나와 아들은 서로 다른 생각을 하며 성난 바다를 바라보고 있었을지도 모른다. 나는 부모의 편에서 생각했을 것이고 아들은 자신의 처지에서 판단했을 테니 서로 역지사지易地思之의 순리를 깨닫지 못했을 것이다.

> 처……ㄹ썩, 처……ㄹ썩, 척 쏴……아.
> 저 세상 저 사람 모두 미우나,
> 그 중에서 똑 하나 사랑하는 일이 있으니,
> 膽(담) 크고 純精(순정)한 소년배들이,
> 재롱처럼, 귀엽게 나의 품에 와서 안김이로다.
> 오나라, 소년배, 입 맞춰 주마.
> 처……ㄹ썩, 처……ㄹ썩, 척, 튜르릉, 꽉.

세차게 밀려와서 갯바위에 부서지는 파도 소리가 아들에게는 마치 최남선 선생님의 〈해에게서 소년에게〉라는 시의 한 구절처럼 들렸을지도 모른다. 진짜 하고 싶은 활동을 아버지의 완강한 반대로 하지 못하고 억지로 섬에 끌려 들어와 감옥살이 같은 생활을 하고 있으니 오죽이나 아들은 속이 답답했을까. 아버지와는 달리 바다는 넓은 가슴으로 담 크고 순정한 자신을 품어 안아 입맞추며 위로해 주고 있다고 생각했을 수도 있었으리라.

 방학이 끝나고 집으로 돌아온 아들은 나의 간청에 못 이겨 춤을 멈추고 입시학원에 등록했다. 그것도 스파르타 주입식 학원이었다. 아들은 있는 힘을 다해 밤늦게까지 공부를 하고 집에 돌아왔다. 하지 않던 공부를 하려 온종일 칸막이 책상머리에 앉아 안간힘을 쓰는 아들이야 오죽이나 힘들었을까. 아마 온몸의 관절 마디마디가 춤을 추고 싶어 근질거렸을지도 모른다. 그러나 나는 더는 기쁠 수가 없었다. 내가 없어도 아들의 학업을 책임지고 지도해 줄 수 있는 곳이 생겼다는 것만으로도 든든한 느낌이 들어 안심이었다. 그 결과 중 3학년 1학기 중간고사부터 성적이 쑥쑥 오르기 시작하더니 학년 말에는 전교 상위권에 진입해 저학년 때의 성적으로는 꿈도 꿀 수 없었던 인문계 고등학교도 골라 갈 수 있었다. 인문계고등학교에 진학해서 아버지가 바라는 좋은 대학에 당당히 합격해 주리라고 기대를 할 수 있는 정도였다.

 고등학교에 입학하여 일학년은 열심히 공부하며 성적도 상위권을 유지하는가 싶었다. 그러나 마음속에 용암처럼 꿈틀대다 폭발할 수도 있는 숨어있던 예능 본능이 그의 꿈을 결코 접을 수 없게 했던 모양이다. 누구하고도 상의 한마디 없이 학교 음악 밴드에 가입했다. 보컬 리더로 시내 중·고등학교 행사뿐만 아니라 지역행사에도 초대받아 노래를 부르러 다녔다. 또다시 공부하고는 멀어지고 말았다.

이때부터 아들의 꿈은 오로지 가수였다. 아무리 달래고 얼래도 뜻을 굽히지 않았다. 일반대학 취직하기 좋은 학과는 넉넉히 합격할 수 있으니 노래는 취미로 하고 당장 입시 준비부터 하자고 달래도 아들은 막무가내였다. 나도 더는 설득할 수 없어 부모로서의 욕심을 모두 내려놓고 아들의 뜻을 따르기로 했다. 모든 걸 내려놓으니 마음이 한결 가벼워졌다. 그 후론 아들의 길을 가도록 도울 수밖에 없었다. 음악 활동에 필요한 통기타며 전자 기타까지 사주며 응원했다. 피아노 학원뿐만 아니라 서울에 있는 교수에게 보컬훈련 교습도 보냈다. 이런 부모의 뒷바라지와 자신의 노력 결과로 아들은 원하는 대학 실용음악과에 합격했다. 대학 졸업 후 아들은 한때 그룹활동으로 활발하게 노래를 하다가 지금은 보컬 트레이너로 가수 지망생을 지도하는 선생을 하고 있다.
　'사람은 하고 싶은 것을 하며 살아야 하는 것이여.', '하느님' 바다가 그때 갯바위에 부딪히며 격정에 겨워 부르짖던 진리의 말씀을 왜 일찍 깨닫지 못했을까. 요즘 방송사마다 매년 실시하는 서바이벌 노래경연대회를 보면서 어려서부터 브레이크 댄스를 하며 헤드뱅뱅을 하고, 가수가 되겠다고 고집부리던 아들의 잠재력을 더 빨리 알아봐야 했었다고 때늦은 후회를 해본다. 그래도 질풍노도 같은 청소년기를 슬기롭게 극복한 아들이 새삼 참교육이 무엇인지를 되레 나에게 가르침을 주고 있지 싶다.

지금도 '하느 넘' 바다는 성난 파도를 앞세우고 넘실대며 밀려오고 있을까. 바람 부는 날이면 하트 해변 '하느 넘' 그 바다가 그리워진다.

몽돌의 차르르 따르르

 우연히 발견한 몽돌 하나에 나의 마음을 빼앗겼다. 솔로몬의 마음을 첫눈에 사로잡은 술람미 여인 같은 그 작은 돌멩이를 나는 주머니 속에 몰래 숨겨가고 싶은 욕망이 불끈 일었다.
 모나지 않아 모든 것을 포용할 것 같은 둥글둥글한 모습, 반질반질한 피부는 로션을 바른 젊은 여인의 얼굴처럼 부드럽다. 작지만 야무진 외모와 침묵 속에 담겨진 강인한 생명력, 무엇보다 검은 바탕에 흰색으로 흘려 쓴 일심一心이란 글자 문양은 그 돌의 아름다움과 강인함 그리고 심오한 절개節槪까지 품고 있는 듯한 주먹 크기의 몽돌이었다.
 몽돌은 개울이나 바닷가에서 볼 수 있는 흔한 돌멩이다. 거친 돌멩이들이 끝없이 밀려오는 강물이나 파도에 씻기고 부딪쳐 마모된 동글동글해진 돌을 말한다. 사람들의 얼굴이 제각

각이듯이 몽돌도 돌의 재질과 마모의 형태에 따라 특이한 모양이나 독특한 문양을 담고 있다. 꽃 모양이나 산수화가 그려지기도 하고, 〈천체도天體圖〉에 그려진 별의 궤적처럼 무지개 색깔의 둥근 테를 몇 겹으로 감고 있는 문양도 있다. 때론 수많은 점이 밤하늘의 별처럼 표면 가득히 촘촘히 박혀있는 것들도 있고 공처럼 완전히 동글동글하거나 길쭉한 수박처럼 두리뭉실한 놈도 있다. 이런 몽돌의 매력에 빠져 강가나 바닷가에 가게 되면 나는 시간 가는 줄도 모른다.

바람 부는 날, 바닷가에서는 몽돌의 속삭임을 들을 수 있다. 바람을 앞세우고 밀려오는 파도를 따라 끊임없이 오르락 내리락 "차르르 따르르" 읊조리는 몽돌들의 속삭임은 차안此岸의 고통 소리가 아닌 피안彼岸의 목탁 소리 같다. 그건 몽돌의 간절한 염원의 소리일 것이다. 모난 자신의 모습으로 다른 사람의 마음에 상처를 주지 않는 둥글둥글하고 원만한 모습으로 살아가게 해달라고 비는 기도 소리로, 아니면 세상에서 거칠고 모나게 살아 이웃에게 아픔과 상처를 주었을 과거를 뉘우치는 참회의 소리로 들리기도 한다.

몽돌이라고 해서 어찌 아픔이야 없었을 것인가. 작은 생채기 하나에도 비명을 지르는 인간에 비하면 몽돌의 구르는 저 소리는 어쩌면 돌끼리 부딪치는 마찰음이 아니라 그들이 토해내는 울음소리인지도 모른다. 삼백예순다섯 날을 다른 돌들과 부딪치며 깨지고 마모되어 뼈를 깎는 아픔을 견디는 소리일 것이다. 어찌 새로운 탄생이 그리 쉬운 일이겠는가. 이런 아픔 속에서 몽돌이 탄생하는 것이다.

돌이켜 보면 나의 젊은 시절은 정釘에 맞아 쪼개진 모난 돌처럼 날카롭고 까칠까칠한 성난 고슴도치 모양새였다. 하긴 젊은 나이에 사회적 모순과 불합리를 보고 그저 지나칠 사람이 어디 있으랴만, "20세에 사회주의자가 아닌 사람은 심장이 없는 것이고, 40세에 여전히 사회주의자인 사람은 머리가 없는 것"이라는 칼 포퍼(Karl Raimund Popper)의 말처럼 나의 젊은 날은 가자미눈으로 세상을 보며 살았지 싶다. 합리와 진리만을 주장하고 다른 사람의 생각을 배려하지 않으며 내 주장만을 앞세웠었다. 힘 있는 자 앞에서 앞발을 비비지 못하고 아부와 타협을 거부했던 나는 다른 사람의 눈에는 모난 돌멩이였을 것이다.

생각하는 것이 원만하여 어떤 말을 들어도 이해가 되지 않는 것이 없는 이순耳順이 지나고, 뜻대로 행하여도 도리에 어긋나지 않은 나이 종심從心이 넘었는데도 아직도 사회적인 불합리에 문득문득 화가 치밀고 세상사 뜻대로 되지 않는다고 짜증이 나기도 한다. 산전수전 한세상 다 겪으며 살아온 내 모습이련만 까칠한 성정이 그대로 남아있어 문득문득 부끄러울 뿐이다. 내 마음 한구석에 독 오른 꽃뱀 한 마리 똬리를 틀고 있어 때로 불끈불끈 화심心火이 솟아오르는 것인가.

한 인간이 온전한 인간으로 완성되는 것은 언제쯤일까. 세상의 모진 풍파를 이겨낸 수도승같이, 끝없는 연마를 통해 모나지 않는 몽돌이 되는 순간이 온전한 인간이 되는 순간일까?

그러나 아무리 원만한 몽돌이라 할지라도 완성된 몽돌은 없어 보인다. 바람이 불고 파도가 치면 그들은 또 변함없이 구르고 마모되며 보이지 않는 완성을 향해 가고 있는 것이 아닌가.

"완성된 인간이 되고 싶은가. 이 세상에 완성이란 없다. 몸과 영혼이 마모되어 무화無化되는 순간까지 갈고 닦고 또 닦으라." 마치 내 마음을 알고 있기나 하는 듯이 몽돌의 속삭임이 가슴으로 전해진다. 차르르 따르르, 차르르 따르르….

조금새끼

 목포 서산동으로 오르는 길목에는 '연희네 슈퍼'가 있다. 눈깔사탕, 쫀드기, 뉴당원, 참스 사탕, 꽈배기 등 옛 추억이 서린 물건을 파는 구멍가게로 영화와 TV 드라마 촬영 덕분에 뜨거워진 곳이다. 슈퍼에 들어서는 순간 마음은 타임머신을 타고 과거로 훌쩍 날아간다.
 60여 년 전이었을 게다. 나는 서산동 보리마당 바로 앞집에서 자취하며 중학교에 다녔다. 섬 아이가 도회지로 유학을 왔는데 하필이면 달동네 서산동 보리마당이었을까. 가난한 양복쟁이 외삼촌이 서산동 꼭대기에 살고 있어서 그때 맺은 인연으로 서산동은 나에게 목포 하면 제일 먼저 생각나는 제2의 고향이 되었다.
 서산동은 도시라지만 오히려 시골보다도 더 못한 가난한 동네였다. 밤이면 달이 제일 먼저 떠오르고 저녁이면 하늘엔 별이 손에 잡힐 듯 가까이 보이는 목포의 하늘 아래 첫 동네, 따개비같이 다닥다닥 붙어있는 오두막집들과 아침이면 줄을 서서 기다리던 골목길 끝에 있던 공중화장실이며, 집에 수도가 없어 비탈진 골목길 들머리에 있는 공동 수도에서 물을 받아 물지게로 져 날라와야 살 수 있던 동네였다. 그래도 밤이면 오두막집 창문에서 반짝이는 수많은 백열등 불빛에 멀리서 보면 온 동네가 하나의 거대한 빌딩처럼 보여 낯선 이방인들에게는 감탄할 정도로 멋져 보이는 동네였다. 보리마당에서는 목포항이 훤히 내려다보이고 고개를 돌리면 기암괴석 유달산 일등바위와 버선코처럼 날씬한 유선각이 날아갈 듯 날개를 펴고서 있는 모습이 아름다워 보였다.

구불구불한 거미줄처럼 이어져 있는 서산동 골목길은 사람 하나 겨우 비껴갈 정도의 비좁고 복잡한 길이어서 길을 한번 잘못 들기라도 하면 출구를 찾기 어려운 반인반수半人半獸 미노타우루스가 갇혀있던 미로와도 같았다. 이러한 골목길들이 마치 뱀처럼 꿈틀거리며 기어 올라와 한곳에서 만나는 곳이 바로 보리마당이다. 보리마당은 게딱지만 한 오두막집에서 사는 아이들이 여기저기 골목길에서 한배 새끼 물고기 떼처럼 몰려다니다가 마침내 만나 해 가는 줄도 모르고 마음껏 뛰어놀 수 있던 유일한 공터였다.

옛날 학창시절 서산동이 그리워 '연희네 슈퍼' 골목길을 따라 보리마당에 오르는데 골목길 담벼락에 쓰여 있는 시 한 수가 눈길을 끌었다. 김선태의 〈조금새끼〉였다. 시 제목이 재미있어 가던 길을 멈춰 서서 끝까지 읽고 나니 고단했던 서산동 사람들의 삶을 보는 것 같아 그만 코끝이 찡해졌다. 그래, 그때 보리마당에서 놀던 그 아이들이 '조금새끼'들이었다 이거지…….

서산동 어부들의 삶은 물때와도 깊은 관계가 있었다. 물때는 물이 살아 움직이는 사리 때와 물이 죽어 움직이지 않는 조금 때로 나뉜다. 사리 때는 음력 보름과 그믐으로 해와 달과 지구가 일직선으로 놓여 바닷물이 가장 많이 들어왔다 빠지는 시기로 속도가 빠르고, 조금 때는 상현달과 하현달이 뜨는 시기로 해와 달과 지구가 직각으로 위치해 바닷물이 가장 적게 들어왔다가 느리게 빠지는 시기다. 이렇게 한 달에 두 번 오가는 사리와 조금이 '조금새끼'가 태어난 원인이 된 것이다. 그럴 법도 하다.

물고기는 물이 살아나는 사리에 활동을 많이 한다. 그래서 어부들도 고기를 잡으려면 사리 때 바다로 나가야 했다. 그것도 중선을 타고 먼 바다로 나가야만 하는 어부들은 보름 정도는 바다에서 살아야만 했다. 보름여 동안 망망대해에 떠 있으면 오죽이나 뭍에 있는 아내와 어린 새끼들이 보고 싶고 그리웠을까. 더더구나 달이 차오르고 바다에 기가 충만한 사리 때가 되면 어부들도 우주의 기를 받아 몸과 마음이 탱천해지는 것이 자연의 이치가 아니겠는가. 그래서 뭍이 그립고 아내가 더더욱 그리웠을 것이다. 어찌 바다에 나간 어부들만 자연의 기에 영향을 받았을까. 집을 지키고 있는 아내도 달이 하늘에 충만해져 가면 만월의 기운을 받은 여자의 몸도 스스로 일어나 기가 충만히 부풀어 오르는 것이렷다.

남편이 바다에 나가 고기잡이를 하는 동안 아내는 집안에서 그물을 뜨고 아이들을 돌보며 지내다가도 조금 때가 가까워지면 몸이 달아올라 목욕재계를 하고 남편을 기다렸다. 또한 기가 충만해 배를 타고 항구로 돌아온 남편은 선창 선술집에서 막걸리 한잔으로 술기운까지 더해서 콧노래를 부르며 서산동 골목길을 비틀거리며 올라왔을 테다. 집안은 이미 빨랫줄에 빨래가 널려있고 아내는 곱게 단장을 하고 남편을 맞이했으니 두 사람의 재회가 어느 때보다도 더 뜨거웠지 않았을까. 하여 조금때가 되면 서산동은 일찍 불이 꺼지고 어두워졌다. 이렇게 해서 새로운 아이들이 만들어졌으니 이름하여 '조금새끼'들이다.

떼로 몰려다니던 조금새끼들은 다 어디로 갔을까. 어쩔 수 없이 지 애비를 따라 바다로 나가 지 애비가 그랬듯이 큰바람이 불고 나면 다 같이 돌아오지 못하는 운명이었을까. 아니면 바다가 아닌 다른 세상으로 새로운 삶을 찾아 떠나고 보이지 않는 것일까. 먹고살 수 있는 곳이면 어디든지 찾아 떠나야만 했던 조금새끼들의 모습이 바로 나의 모습이었지 싶어진다.

이것이 바로 전라도 사람의 운명적인 디아스포라(Diaspora)의 시작이었는지도 모른다. '조금새끼', '조금새끼' 하고 놀리듯 시를 읊조리면 웃음이 나다가도 금세 눈물이 핑 도는 것은 바로 내 자신이 가난이라는 운명에서 태어난 조금새끼 같아서이었을 것이다.

조금새끼들로 시끌벅적 이던 서산동 보리마당, 지금은 부석부석 산화된 따개비처럼 무너지고 쓰러져 흔적만 남아있는 집들이 여기저기 골목마다 한두 채가 아니다. 오직 남아있는 것이란 골목길을 따라 그려진 소금기 묻어 꾀죄죄하고 흐릿한 벽화와 동네 어른들이 삐뚤빼뚤 써놓은 애환이 서린 자작시들 뿐이다. 내가 자취하며 살았던 집은 흔적도 없이 사라지고 그 옆에는 교회당 하나 우뚝 서서 텅텅 비어가는 서산동을 내려다보며 깊은 묵상기도에 잠겨있다.

목포 서산동 보리마당, 구경 삼아 지나가는 관광객들뿐 조금새끼들은 그림자도 보이지 않는다. 그 많던 조금새끼들은 다 어디로 갔을까?

4부

퇴임
그리움
하멜의 흔적
소녀상의 눈물
아모르파티(Amor Fati)!
무無
다산茶山의 영정 앞에서
퇴계의 향기
한라산에 올라
〈아리랑〉이 울려 퍼진 모뉴먼트 밸리(Monument Valley)

퇴임

 한평생을 살아오면서 직장에서 맡은 직책이나 임무를 마치고 물러나는 과정이 누구에게나 있다. 이런 과정이 비단 사람뿐만은 아니다. 사물도 그 효용가치가 다하게 되면 그 자리에서 물러나게 된다. 이러한 과정을 사전적 의미로 '퇴임'이라 한다. 다음 세대를 위하여 자연스럽게 다가오는 과정이지만 퇴임이라는 말은 그리 기분 좋은 말은 아니다.
 대흥 카페리호가 있었다. 이 배는 목포항에서 인근 도서인 안좌安坐, 팔금八禽, 비금飛禽, 도초도都草島를 하루에 두 번씩 왕복하는 운반선이었다. 섬사람들에게 생필품과 섬에서 생산되는 농수산물을 수송하는 역할을 해왔다. 그뿐만 아니라 사람들도 함께 실어 날라서 내가 섬마을 선생일 때 주말이면 타고 다니던 배였다.

배가 출항하던 때의 정겨운 풍경은 세월이 지난 지금도 생생한 기억으로 남아 있다. 일요일 오후 2시 반 정도가 되면 배는 거의 만원이 되었고 객실은 어느새 시장 바닥처럼 변했다. 가장 먼저 찾아오는 사람이 신문팔이였다. 어찌나 빨리 외쳐대던지 그가 하는 말을 통 알아들을 수가 없었다. 그러나 말을 몇 번 반복해 들으며 소리 하나하나를 꽤 맞추다 보면 "신문 세 개에 천 원."이라는 소리로 들렸다.

  말이 신문이지 하나를 제외하면 나머지 둘은 두세 달이 훨씬 지난 구문이었다. 그 다음 이어 찾아오는 사람은 방물장수. 입담이 워낙 좋아 물건 소개하는 소리에 승객들은 정신이 홀려 시간 가는 줄도 몰랐다. 얼굴이 살짝 얽은 곰보 방물장수 가방에서 쏟아져 나오는 물건들은 그 종류를 다 헤아릴 수도 없었다. 온갖 옷가지며 책, 양말, 접착제, 허리띠, 라디오 등 일상생활에 필요한 것은 모두 들어있지 싶었다. 한바탕 소란스런 선전이 끝나면 소나기가 지나간 들판처럼 선실은 조용해지는 듯했지만, 자기 마누라가 선창 전매청 옆에 있는 가게에서 홍어 판매를 한다며 서울이나 광주에 사는 친지들에게도 사 보내고 잔치도 치르라는 신신당부도 빼놓지 않았다.

  뒤이어 양복에 넥타이 차림을 한 승객 한 무리가 알싸한 홍어 냄새까지 몰고 선실로 들어섰다. 차림새로 보아 분명 목포에서 동네 분 자제子弟 결혼식이 있는 날임에 틀림없어 보였다. 검게 탄 얼굴, 구겨진 와이셔츠에 어른 주먹만 한 빨간 넥타이

고리는 생선 가게 아귀 입만치나 어울리지 않아 보였다. 언제 정장 차림으로 도회지 나들이를 해봤겠는가. 염전에서 그을리고 고깃배에서 시커멓게 탄 얼굴에 양복이 때깔 자르르하기를 바라는 것은 지나친 욕심일 게다. 그러나 그들이 들어서자 선실 안은 환한 너털웃음과 투박한 사투리로 가득하여 마치 섬마을 동네 사랑방을 옮겨온 듯 정겨웠다.

오후 3시 정각이 되자 뱃고동 소리가 울리고 대흥 카페리호는 서서히 움직이기 시작했다. 선창의 떠들썩함이 배에 가득 실려 바다로 나가 여객선 터미널 한 귀퉁이가 조금은 조용해졌을 것이다. 배가 서산동 아래를 지나 목포항을 벗어나자 유달산이 가부좌를 틀고 앉아 깊은 묵상에 젖어 무사 항해를 빌고 있었다. 서서히 속도를 내며 용머리를 돌아갈 즈음 '새천년 아침 이슬' 보해양조 간판이 또다시 만나자며 아쉬운 작별 인사라도 하는 듯했다.

누가 시킨 것도 아닌데 승객들은 선실에 들어서면 끼리끼리 둥글게 자리를 잡고 앉았다. 어느새 화투놀이가 시작되는 것이었다. 구경꾼들의 훈수에 분위기도 덩달아 달아올랐다. 맥주잔을 돌리고 오징어 다리를 질근질근 씹으며 화투판이 쉬지 않고 돌아가는 사이, 어느새 대흥 카페리호는 시아바다를 지나 섬들을 이리저리 돌고 돌아 '신안 제1교'를 지나서 '서남문 대교'를 향해 숨을 헐떡이며 달려가고 있었다. 아마 이때가 대흥 카페리호의 전성시대가 아니었을까 하는 생각이 든다.

최근에 압해도押海島와 암태도巖泰島를 잇는 '천사의 다리'가 개통되었다. 길이가 약 7.2㎞나 되는 우리나라에서 네 번째로 긴 다리다. 이 다리 덕분에 대부분의 신안 섬들이 배를 타지 않고도 갈 수 있는 곳이 되었다. 특히 다이아몬드군도와 비금, 도초도까지 연결될 이 다리는 신안을 상징하는 대동맥으로서 섬지역의 개발과 관광산업 발전에 크게 기여할 것이라고 섬사람들의 기대가 대단하다. 섬에 사람이 살기 시작한 이래 자동차를 타고 섬 구석구석을 가게 되었으니 이들에게는 천지가 개벽한 것만큼이나 큰 경사임에 틀림없는 일이다.

한편 섬사람들과 애환을 함께해 온 대흥 카페리호가 그동안의 노고에도 불구하고 역사 속으로 사라져 갈 운명에 처해 있다. 편리와 개발에 밀려 대흥 카페리호에서만 느낄 수 있었던 섬사람들의 낭만과 애환이 함께 사라지는 것 같아 아쉬움이 마음 한구석에 짙은 그림자로 남는다.

어느 부두 한편에 발이 묶여 영원히 쉬게 될 대흥 카페리호. 섬과 섬 사이를 하루도 거르지 않고 충실하게 왕복하며 섬사람들의 삶과 낭만의 통로 역할을 해오던 배가 아니었던가. 그래도 아련한 기억 속에 전성시대의 화려했던 운항을 추억하며 그 시절을 그리워하고 있을지도 모른다. 쓸쓸한 은퇴자의 뒷모습을 보는 것 같아 측은한 마음 감출 수 없다. 그러나 이것 또한 다음 세대를 위해 담담하게 받아들일 수밖에 없는 숙명적인 질서가 아니겠는가.

"노병은 결코 죽지 않는다. 단지 사라질 뿐이다." 맥아더 장군의 어록이 잠시 뇌리를 스친다.

그리움

 삼청동 '갤러리 현대'에서 수화樹話 김환기(1913~1974) 선생의 그림 〈우주〉가 전시된다는 소식에 눈이 번쩍 띄었다. 이 그림은 한국에서 134억 원이란 최고 경매가에 낙찰되었다고도 했다. 그러나 나는 그림 값에는 관심이 없고 오래전 친구 '금홍'이와 함께 관람했던 수화 선생의 그림을 다시 볼 수 있겠다는 생각에 금새 마음이 들썩였다.

 친구 금홍이가 나를 데리고 서울 종로에 있는 '환기미술관'을 찾은 것은 지금으로부터 20년도 훨씬 지난 일이다. 친구는 그전부터 신안이 낳은 화가 수화 선생의 그림에 심취해 있었던 모양이다. 미술관 전시실 정면에 걸려 있던 그림 〈어디서 무엇이 되어 다시 만나랴〉를 나에게 보여 주고 싶었던 것이었을 게다. 청록색 바탕에 수많은 점들만 찍혀있던 그 그림은 내게는 단조로운 모자이크로만 보였을 뿐이었다. 그러나 친구는 그림 앞에 서서 김광섭의 시 〈저녁에〉를 읊조리듯 자분자분 낭송했다.

> 저렇게 많은 별 중에서/ 별 하나가 날 내려다본다./ 이렇게 많은 사람 중에서/ 그 별 하나를 쳐다본다// 밤이 깊을수록/ 별은 밝음 속에 사라지고/ 나는 어둠 속으로 사라진다.// 이렇게 정다운/ 너 하나 나 하나는/ 어디서 무엇이 되어 다시 만나랴/

그림을 감상하며 친구가 들려주는 시의 마지막 시구 "어디서 무엇이 되어 다시 만나랴"가 내 마음의 빗장을 열기 시작했다. 어디서 많이 보았던 그림의 바탕 청록색에서 한번도 느껴보지 못한 포근한 느낌이 밀물처럼 밀려왔다.

갯벌을 품고 있는 나의 고향 신안 바다는 여느 바다와 달리 물 색깔이 연한 청록색이다. 마치 녹색과 파랑색이 팔레트 안에서 혼합되어 청록색으로 변하듯, 갯벌에서 우러난 녹색과 먼 바다에서 흘러 들어온 파란 물이 이곳 신안 바다에서 신비한 청록색으로 다시 태어나는 것이다. 바라보기만 해도 엄마 품처럼 아늑하고 평화로운 바다. 이 바다의 품속에서 유년시절을 지낸 수화 선생이 그의 그림 바탕색으로 청록색을 고집한 이유도 우연은 아니지 싶다.

갤러리 현대 전시관 한중앙에 걸려있는 〈우주〉는 가까이 접할 수 없도록 먼 거리에 금지선을 쳐 놓았다. 거리를 두고 멀리서 바라봄으로 오히려 그림이 신비감을 더해 준다. 〈어디서 무엇이 되어 다시 만나랴〉가 밤하늘이 드리운 고향 바다를 그리움으로 표현했다면, 오늘 감상하는 〈우주〉는 그리움으로 가득한 고향 하늘을 그린 것일 게다. 이 그림도 역시 청록색 바탕에 수많은 점들로 가득 차 있다. 한 점에서 시작한 우주는 빙빙 돌아가며 끝없이 확장되고 그 별들의 궤적을 따라가다 보니 나도 어느덧 무한한 우주 속으로 빠져든다.

 〈우주〉의 별 궤적은 아버지께서 짜셨던 둥근 멍석 모양이다. 새끼를 꼬아 멍석의 틀을 잡고 그 위에 책상다리를 하고 앉아 짚으로 엮어 만든 그 둥근 멍석 형태가 아닌가. 평소에 말없이 자신의 할 일만을 묵묵히 하셨던 아버지는 완성될 멍석을 꿈꾸면서 한 땀 한 땀을 엮어 갔을 것이다. 작은 점 하나로 시작한 우주가 전 하늘로 확장되어 가듯이 당신의 자식들이 저 넓은 세상으로 무한히 지경을 넓혀 가주기를 간절히 바라며 멍석 짜기로 고달픈 삶을 달래지 않았을까.

 〈우주〉는 두 우주를 한 화폭에 담아 놓았다. 왼편 우주는 시계 반대 방향으로, 오른편 우주는 시계 정방향으로 운행하는 듯하다. 같은 우주면서 서로 달리 운행하는 두 우주가 그림의 접선에서 강한 상승기류의 역동성을 불러일으킨다. 음양의 질서 속에서 삼라만상은 삶의 리듬과 생동감이 충전되는가 보다.

수화 선생은 먼 이국땅에서 외로움을 달래려 수많은 점을 그의 화폭에 찍었을 것이다. 향수를 달래려 고향 바다의 청록색을 바탕으로 그 위에 그리운 사람들의 얼굴을 점 하나 하나로 화폭에 담았지 싶다. 저 수많은 점들은 도대체 다 누구였을까. 저 우주를 그릴 만큼 그리운 사람들이 많았단 말인가. 그림 속의 누구는 꼭 생전에 만난 사람만은 아닐 터. 먼 옛날 그의 조상들로부터 동시대를 살아가고 있는 모든 사람들의 얼굴일 수도 있겠고, 먼 훗날 이 세상에서 살아갈 모든 인간들일 수도 있으리라.

 나도 생각해 보니 잊고 살았던 그리운 사람들이 많이 있다. 초등학교 1학년 담임 선생님의 전근 소식에 집에 와서 이불을 뒤집어쓰고 하루 내내 울었던 기억이 생생하다. 항상 멜랑콜리(melancholy)하게만 보였던 중학교 국어 선생님, 어느 날 수업 시간에 유달산을 바라보며 팔짱을 끼고 서서, 시란 이런 것이야 라고 말하듯이 "하늘엔 하현달, 유달산 밑에 나 하나"라고 즉흥시를 읊어주던 멋쟁이 처녀 선생님도 생각이 난다. 지금쯤 할머니가 되어 있을 하얀 목련꽃처럼 예쁘고 참했던 교회학교 중등부 그 여학생도, 무등산 자락 백악관에서 노엄 촘스키(Avram Noam Chomsky)*의 변형생성문법이 어쩌고저쩌고 함께

---

* Avram Noam Chomsky: 미국의 언어학자로 변형생성문법 이론으로 언어학에 큰 영향을 끼친 학자. 또한 1960년대부터 활발하게 사회운동에 참여하여 미국을 대표하는 비판적 지식인으로 평가되는 인물.

논하던 학우들도, 병영상고 교사시절 월출산 등반 시 조금도 힘들지 않다며 따라 나서던 그 예쁜 여학생의 얼굴도 새삼 그립다. 저 먼 별나라로 먼저 떠나간 친구 금홍이가 오늘은 누구보다도 더욱더 보고 싶다. 그 친구가 내 곁에 있다면 함께 〈우주〉를 보러 가자며 아마도 먼저 연락을 해왔을 것이다.

쓸쓸한 북간도에서 그리운 사람들의 이름을 부르며 밤하늘의 별들을 헤었던 시인 윤동주처럼, 머나먼 이국땅에서 지독한 외로움에 청록색 캔버스에 그리운 사람들의 얼굴을 점 하나 하나로 찍어 갔던 수화 김환기 선생처럼, 나도 그리운 사람들의 얼굴 하나하나 이름을 불러가며 내 마음속 캔버스에 그리고 있는 줄도 모른다. 우리 어디서 무엇이 되어 다시 만나랴. 〈우주〉 앞에서 그리운 사람들 생각에 한참이나 말없이 서성이고 있다.

하멜의 흔적

 새로운 임지로 발령을 받고 부임하는 날이었다. 첫눈에 교장 선생님의 모습은 서양인이 틀림없었다. 짙은 눈썹과 쌍꺼풀에 커다란 눈, 파란 눈동자와 오뚝한 콧대 그리고 손등에 덥수룩한 털과 짙은 황갈색 머리털은 영락없는 게르만족의 후예였다. 그러나 마주앉자마자 먼 낙도까지 오느라 고생했다며 유창한 우리말로 치하하시는 교장 선생님은 나를 또 한번 어리둥절하게 했다. 고향이 강진 병영이라고도 했다. 그 말에 나의 호기심은 더욱 날개를 달았다.

 조선조 효종 7년(1656년)에 파란 눈의 남정네 서른세 명이 강진 병영성兵營城으로 압송되어 왔다. 생김새부터 낯선 이들이 무리지어 나타났으니 이곳 산골 병영 사람들은 라타크 초원에 사는 마멋(marmot)들처럼 하던 일을 멈춰 서서 놀라운 눈으로 그들을 바라보며 구경거리라도 생긴 듯 호기심이 발동했으리라.

하멜, 동인도회사에 근무하던 그는 큰 꿈을 안고 긴 항해의 돛을 올렸을 것이다. 저 동방의 끝 일본을 향해 출발한 그는 무사히 망망대해를 건너 목적지에 도착하고 큰돈을 벌어 귀향 후 사랑하는 가족과 행복하게 살기를 꿈꾸었을지도 모른다. 그러나 망망대해라는 곳이 언제 어디서 어떤 일이 일어날지 누가 알겠는가. 제주도 근처를 항해하던 중 풍랑에 좌초되어 한 해변에 표류된 이들은 한양으로 이송되어 마치 동물원의 원숭이들처럼 구경거리가 되었다. 또한 잔칫집에 불려가 노래를 부르고 재롱을 피워야 했고, 훈련도감에서 군사훈련과 무기 제조하는 노역을 해야만 했으니 이런 일을 할 줄이야 꿈엔들 생각이나 했겠는가. 그들 일행 중 두 사람이 청나라 사신을 붙들고 본국으로 돌려보내 달라고 애걸복걸했던 사건 후 투옥된 이들은 혹독한 곤장 세례와 고문을 당해 영영 세상 밖으로 나오지 못한 신세가 되었다. 이후에 청나라의 의심과 간섭이 두려워 잠시 남한산성에 피신해 있다가 새로운 땅으로 이송되어 온 것이 강진 병영에서의 운명적인 삶의 시작이었다.

이곳에서 이들이 하는 일은 고작 한 달에 한두 번 정도 병영성 앞마당과 장터에서 풀을 뽑고 청소하는 일이었다. 부족한 식량 때문에 그들은 마을 민가나 수인사修因寺에 가서 동냥을 해야만 했고, 산에서 땔감을 하고 나막신을 만들어 장에 내다

팔아 생계를 유지해야만 했다.

 그럼에도 불구하고 이들이 남긴 흔적이 병영 여기저기에 남아 있다. 한 골목의 빗살무늬 돌담길과 동네를 흐르는 세류천細柳川변 길이 대표적인 이들의 흔적이다. 또한 병영에 '병영남兵營 南'씨란 성으로 버젓이 하멜 후손들이 살았다는 사실이다. 어떻게 해서 그 후손들이 생겨났는지는 자세한 기록이 없어 확인할 방법은 없지만 그들이 남긴 확실한 흔적임에는 틀림이 없다.

 혹독한 기근 때문에 이들은 다른 곳으로 떠나야만 했다. 이들이 다른 곳으로 떠나지 않고 병영에 정착했더라면 어떤 일들이 일어났을까. 아마 이 나라의 운명이 바뀌었을지도 모른다. 이들로부터 서양의 발달된 문물을 전수받았더라면 새로운 세상의 문명이 훨씬 빨리 이 땅에서 꽃피웠을지도 모를 일이다. 이웃나라 일본이 네덜란드와 교류하면서 빨리 받아들인 서양 문물 덕분에 개화되고 발전하여 부국한 나라가 되지 않았던가.

 이들이 병영에 머물던 7년 동안에 11명이나 숨을 거두어 이곳 어느 곳에 묻혀 있을 듯하지만 묘비 한 점 없어 그들의 행적을 찾을 길이 없다. 그러나 그 영혼들은 아직도 병영 땅을 떠나지 못하고 어디에선가 맴돌고 있지 않을까 싶다. 이역만리 타향살이가 힘들고 고향이 그리울 때면 그들이 둘러앉아 한을 달래던 조산造山 느티나무나, 세류천 건너 아름드리 비자나무, 달 밝은 밤이면 고향 생각에 한없이 달을 쳐다보며 눈물을 흘렸을 한 골목 끝자락에 서 있는 은행나무 아래에서 불현듯 그들이 나타날 수도 있을 것만 같다.

병영은 교사로서의 나의 첫 근무지로 5년 동안 머물렀던 곳이다. 하멜 일행이 거닐던 거리며 지쳐 쉬던 고목나무들, 노역을 하며 보내던 병영성터와 시장터도 내가 생활했던 공간들이다. 이들이 남긴 흔적처럼 이곳에 내가 남긴 것은 아무것도 없다. 다만 교사 시절 풋풋한 젊은 에너지를 불태우며 오후 졸리는 수업 시간이면 사이먼 앤 가펑클(Simon And Garfunkel)의 〈험한 세상의 다리가 되어〉나 김정호의 〈이름 모를 소녀〉를 불러 잠을 깨워 달래 가며 수업을 하고, 주말이면 월출산에 야영 텐트를 치고 제자들과 밤을 지새우며 호연지기를 키우던 나의 열정만이 이젠 지천명知天命을 훨씬 넘긴 제자들의 가슴속에 아련하게나마 나의 흔적으로 남아있을지도 모를 일이다.

병영성터에 자리 잡고 있던 병영초등학교가 지금은 제자리를 찾아 옮겨 갔고, 허물어져 가던 성터는 새롭게 단장하여 옛 모습으로 복원 중이다. 이들이 풀을 뽑고 청소하던 성터 앞마당에는 성곽 높이를 훨씬 넘는 큰 풍차가 한가롭게 돌고 '하멜기념관' 앞에는 바이킹 복장을 한 하멜 동상이 네덜란드를 향해 항해하는 늠름한 모습으로 우뚝 서 있다. 앞뜰에 가득 피어난 튤립들이 저리 처연하게 보이는 것은 아마 고향을 그리다 생을 못다 한 푸른 눈동자 열한 명의 넋이 타향살이 한을 달래려 붉다 못해 핏빛을 머금고 피어났는지도 모르겠다.

하멜의 흔적

누런 어미 황소에서도 태어나는 검정 송아지처럼, 비록 병영 남씨 성은 아니었지만 교장 선생님의 파란 눈동자는 하멜 일행이 남긴 흔적이 아니었을까. 지금은 저세상에 계신 교장 선생님의 모습이 오늘따라 더욱 또렷하게 떠오른다.

소녀상의 눈물

 광화문 주한일본대사관 앞에는 소녀상 하나가 외롭게 앉아 있다. 지금으로부터 80여 년 전 일본군 위안부로 끌려갔던 소녀들을 형상화한 모습이다. 무언가 말할 듯한 서글픈 눈빛으로 먼 하늘만을 바라보며 처연하게 앉아 있는 소녀상 앞에 서면 나라의 운명이 백척간두에 걸려 있던 격동기마다 이 땅의 여인들이 겪었을 수난을 하소연이라도 하는 듯 보여서 마음이 서글퍼진다.
 이 땅의 여인들처럼 기구한 운명을 지닌 여인들이 또 어디 있었을까. 이들의 슬픈 운명이 지정학적으로 육지와 해양을 잇는 반도국 때문이라고 단정해버리기에는 너무도 처절하고 옹색할 뿐이다. 오히려 그것은 연약한 여인들조차 지켜줄 수 없었던 나라의 나약함이 그 원인이 아니었을까. 외침外侵이 있을 때마다 이 땅의 여인들은 힘없는 나라의 운명을 고스란히 떠안고 질곡의 세월을 보듬고 살아왔어야만 했다.

고려시대 90년이란 긴 세월을 몽골군의 말발굽에 유린당하며 처참하게 살아왔을 그들의 고통이 얼마나 컸을지, 또 전 국토를 초토화시킨 임진왜란 때 잔혹하게 짓밟히고 찢겼을 그들의 상처가 얼마나 쓰라렸을지. 그뿐이랴. 병자호란 후에 청나라로 끌려간 수많은 조선 여인들이 노예나 몸종으로 팔려갔으며, 혹은 속가贖價를 지불하고 되돌아온 여인들마저도 화냥년이란 낙인이 찍혀 숨죽이고 살아야만 했으니 그들의 운명을 생각하면 가슴이 저미어온다.

매주 수요일이면 광화문 주한일본대사관 앞에서는 일본군 위안부 할머니들을 위한 집회가 열리고 있다. 태평양전쟁 당시 위안부로 끌려가 왜군倭軍들을 위해 강제 성노예 생활을 했던 할머니들의 비통悲痛함과 그에 대한 일본의 사과와 배상을 요구하는 시위다. 30여 년 동안 하루도 거르지 않고 수요일이면 이어지고 있는 시위지만 그들이 주장하는 요구가 하나도 실현되지 않고 있는 현실이 답답할 뿐이다. 현재 생존해 있는 위안부 할머니들이 겨우 열일곱 명이라고 하니 이들에게 살아 생전에 명예회복과 보상이 이루어질 수 있을지도 심히 염려되는 바다.

하마터면 우리 이모도 일본군 위안부로 끌려갈 뻔했다. 16세 어린 소녀 시절 동네 이장이 집에 찾아와 일본군 위안부로 자원하라고 집요하게 설득했단다. 그러면 공부도 할 수 있고 돈도 많이 벌 수 있으니 얼마나 좋겠냐며 사탕발림을 하더라는 것이다. 그것도 한두 번도 아니고 틈만 나면 집에 찾아와 이모를 어린애처럼 꼬드기기도 하고 외할머니를 감언이설로 졸라대기도 했다고 한다. 이에 깜짝 놀란 외증조할머니와 외할머니께서는 한시가 급하게 이모를 서둘러 시집보낼 궁리를 했다. 맞선도 보는 둥 마는 둥 한양에서 내려온 지도군 현감(縣監) 수비대원의 자제인 김윤복에게 마파람에 게 눈 감추듯 시집을 보냄으로써 일본군 위안부로 차출을 면하게 되었다며 어머니께서는 가슴을 쓸어내리며 말하곤 했었다.

  요즘 다시 일본군 위안부 문제로 온 나라가 떠들썩하다. 일본군 위안부였던 '이용수' 할머니께서 위안부운동을 함께해 온 대표와 그 단체를 향해 청천벽력 같은 폭로성 내용으로 기자회견을 했기 때문이다. 할머니의 주장으로는 이들의 운동 방향이 잘못된 것이고, 지금까지의 운동이 위안부를 위한 것이 아니라 자신들의 이익만을 위한 운동이었다는 것이다. 재주는 곰이 넘고 돈은 되놈이 받은 격이라며 이들에게 이용만 당했다는 주장이다.

  이용수 할머니께서는 열네 살 때 벌댄 걸음으로 가다 일본군의 군홧발에 걷어차여 넘어지고 멍이 들어 눈앞이 캄캄해지자 팔려가는 송아지처럼 '엄마!'를 애타게 부르며 끌려갔다고 했다. 일본군이 지어준 이름 '야수하라 도야코'로 대만 신주 가미가제 특공대 일본군 위안소로 끌려간 이 어린 소녀의 아픔이 얼마나 컸을지. "위안소 방에 들어가지 않으려 버티자 전기 고문을 하고 칼로 온몸에 상처를 낸 후 머리채를 잡아끌고 가서 자물통이 잠긴 방문을 열어 마치 산에서 잡아온 짐승처럼 처넣습디다. 또 군홧발로 허리를 차 넘어지자 수없이 발길질로 구타해 배가 찢어질 듯 아파서 아무 잘못도 없으면서 무릎을 꿇고 잘못했노라고 두 손을 싹싹 빌며 살려 달라 애원했지요. 또다시 일으켜 세운 후 탁상 위에 앉히고 두 손목에 전기선을 묶어 고문을 하자 순간 '엄마!' 하고 질렀던 그 소리가 지금도 내 귀에 쟁쟁하게 들려와요."라고 증언하는 할머니의 말에 그만 나도 몰래 치가 떨리며 온몸에 소름이 돋았다. 들짐승처럼 굶주린 이들의 성욕을 해결해주기 위해 하루에도 수십 명씩 일본군들을 상대했을 이 어린 소녀, 찢기고 밟히고 할퀴어진 상처를 안고 죽지 못해 살아온 것이 아닌가. 힘없는 나라에서 태어난 그 죄밖에 없는데, 이렇게 모진 고통을 당해야만 했던 어린 소녀의 운명을 생각하니 억장이 무너지는 듯하다. 이들은 해방 후에 고국에 돌아와서도 아무도 모르게 숨죽이며 살아야만 했다.

위안부에 대한 일본의 사과와 명예회복 그리고 배상 운동과 세계 여성 평화를 위해 여러 나라에 다니며 증언하면서 근 30여 년 동안 함께 일한 이들에게 이용만 당했다는 마음이 들었을 때 이 할머니의 허탈하고 분한 마음이 얼마나 컸을까.

지금까지 어느 것 하나 해결된 것이 없고 오직 이웃 나라와 갈등만 키워왔고 시위에 참여한 학생들에게 증오심만 불러일으킨 이들의 운동방식에 염증을 느꼈을 만도 하다. 위안부 할머니들을 위한 운동이라고 하기보다는 오히려 과거의 상처를 드러내 더 큰 아픔만을 준 꼴이 되고 말았으니, '일본군 성노예 할머니'란 말에 크게 반발하는 이유도 바로 이 점이 아니겠는가. 누가 이 위안부 할머니를 다시 울리는가. 아무리 온당한 운동이라 할지라도 이 할머니의 상처를 또다시 드러내 울린다면 이것은 일본군 위안부를 위한 운동 목적이 아니리라.

오늘따라 창밖에 비가 내린다. 소녀상에 흐르는 빗물은 어쩌면 위안부 할머니의 찢어진 가슴에서 흐르는 피눈물인지도 모르겠다. 이 할머니의 절규를 친일우파의 배후설이니 토착왜구의 준동이니 하는 그런 저급한 이념논쟁은 이제 그만두었으면 좋겠다. 소리 없이 흐르는 소녀상의 눈물을 닦아 주고 싶다.

아모르파티(Amor Fati)!

 미스트롯 무대다. 숨어있는 무명 트로트 가수를 찾는 일종의 예능 프로그램으로 초대된 기성 가수가 등장하며 무대가 열린다. 가수는 찬란한 사이키조명을 받으며 분홍색 무대복 차림의 바지와 연미복 모양의 레이스가 반짝이는 바바리코트를 걸쳤다. 가벼운 전주곡을 따라 몸을 좌우로 흔들어 대더니 빨라지고 경쾌해지는 반주에 맞춰 앞뒤좌우로 움직이며 한 팔로 코트 자락을 잡아 휘날리며 빙글빙글 돌아간다. 노래와 춤이 더 흥겨워지고 속도가 빨라진다. 무대 위아래 심사위원들과 청중들도 모두 일어서서 함께 부른다. 허스키한 목소리로 되풀이하며 외쳐대는 아모르파티! 흥이 절정에 오른다. 그녀의 얼굴에 환한 웃음꽃이 피어난다. 그러나 그녀의 얼굴에 순간 스쳐 지나가는 처연한 그림자는 삶 속에 숨어있는 한 조각의 슬픔이 아닐까. 열창하는 그녀의 모습은 마치 자기 자신의 기구했던 운명을 향해 부르짖는 처절한 절규이지 싶다.

그녀는 전라도 광주 가난한 한 이발사의 딸로 태어났다. 아버지는 어려서부터 노래 잘하는 딸이 초등학교를 갓 졸업하자마자, 그녀를 가수의 꿈을 키우려고 서울로 무작정 올려 보냈다. 그녀는 어린 나이에 한 기획사에서 잔심부름을 하며 고달픈 가수의 꿈을 키워갔다. 우연한 기회에 일본과 한국을 오가며 가수 생활을 하던 중 한 일본 기획사 사장을 만나 스타덤에 올랐다. 잘나가는 유명가수가 되어 성공하고 싶었다. 그러나 결국 그녀는 빈손으로 눈물을 흘리며 한국으로 돌아와야만 했다. 그 모든 것이 자기의 운명이라고 했다. TV프로 '아침마당'에 나와 고백하는 그녀를 보며 운명이 참 기구하기도 하다라는 생각이 들었다. 다행이 한국에서 가수 활동을 재개하여 행복하게 살아가고 있다며 눈물을 글썽이기도 했다.

운명이란 인간을 포함한 우주의 일체가 지배를 받는 것이라 생각할 때, 그 지배하는 필연적이고 초인간적인 힘에 의하여 신상에 닥치는 길흉화복吉凶禍福을 일컫는 말이다. 아모르파티(Amor Fati)는 '네 운명을 사랑하라'는 뜻으로 운명에 대하는 태도를 정의한 라틴어다. 독일의 철학자 니체는 인간에게 필연적으로 다가오는 운명을 감수해야 하며 이것을 오히려 긍정하고 자신의 것으로 받아들여 사랑하는 것이야말로 인간 본연의 창조성을 키울 수 있는 길이라고 했다. 자신의 운명을 거부하는 것이 아니라, 개척해 나가야 한다는 말이 아닐까 싶다.

살아있는 인간이기에 겪어야 할 숙명적인 운명을 어떤 사람은 평생을 그것의 노예가 되어 살아가기도 하고, 또 어떤 사람들은 아픈 가슴을 다독이며 딛고 일어서서 당당히 살아가기도 한다. 그러나 니체는 그 이상의 것을 요구하는 것이다. 운명을 극복하고 살아가는 것만으로는 부족하여 그 운명을 승화시켜 창조적인 삶을 살아가라는 뜻일 것이다. 지독히 가난하여 그림 그릴 물감조차도 없었지만 좌절하지 않고 예술의 혼을 불태워 끝내 후기인상파의 대가가 된 빈센트 반 고흐(Vincent van Gogh)나, 소리를 들을 수 없었지만 누구도 흉내 낼 수 없는 〈운명〉을 작곡한 루트비히 반 베토벤(Ludwig van Beethoven)처럼 운명을 극복하고 또 승화시켜 예술적 경지에 이르는 삶을 살아가라는 것은 아닐까.

돌이켜 보니 나에게도 감당하기 힘들었던 운명의 순간들이 있었다. 아내의 갑작스런 백혈병 진단과 암 병동에서의 투병생활, 이듬해 나에게 닥쳐온 위암 판명과 수술, 그 후유증으로 인한 장출혈로 목포에서 서울까지 구급차로 긴급 후송되어 간신히 생명을 부지했던 것은 생각조차 떠올리기도 싫은, 나에게 닥쳐온 힘겨운 운명이었다. 《구약성서》의 욥이 겪었던 시련만큼이나 힘든 시험이었는지도 모른다. 몹시 힘들 때면 어머니의 기도가 그리워 밤새 엎드려 기도하며 하얀 밤을 지새운 날이 하루 이틀이 아니었다. 죽음의 문턱까지 간 상황에서 운명을 하늘에 맡길 수밖에 없었다. 하나님은 나와 아내를 버리지 않으셨다. 돌이켜 생각해보면 지난날의 모든 것이 감사할 뿐이다. 그러나 니체의 말에 따르면 나는 아모르파티를 부를 수 있는 자격에는 미달인 것만 같다.

나도 아모르파티를 부를 수 있을까. 닥쳐오는 운명을 극복할 뿐만 아니라 그것을 뛰어넘어 승화의 경지에 도달해야 한다는 말일 터이니 나의 연약한 의지나 능력으로 보아 그런 꿈을 꾸는 것은 얼토당토않은 욕심이리라. 그러나 느지막이 시작한 글쓰기를 생의 마지막 소임으로 여기고 가꾸어 가보고 싶은 작은 소망은 있다. 시련을 통하여 더 굳게 얻은 하나님에 대한 믿음과 감사, 그리고 살아 있음에 순간순간 떠오르는 지난날의 아름다운 추억들이 내 글쓰기의 귀한 밑천이 되지 않을까 싶다. 늦깎이로 시작한 나의 글쓰기가 비록 바닷가의 조약돌처럼 매끄럽지 않다 할지라도 광야에서 외치는 세례 요한의 말처럼 진리와 정의를 부르짖는 글이 될 수 있으면 좋겠다. 자연을 사랑하고 인간생명을 존중하며 살아있는 모든 것들에 대한 경외심을 글로 쓸 수 있다면 더욱더 좋을 듯싶다. 내 삶에 대한 긍정을 통해 세상의 허무를 극복하고 여생을 아름답게 그리는 글이 된다면 더욱 좋을 것이다.

어느 트로트 가수처럼, 저물어 가는 인생 무대에서 나의 글쓰기를 통해 아모르파티를 외쳐 부르며 멋지게 춤추고 노래 부르며 살다 가고 싶다. 아모르파티의 참뜻을 곱씹어 본다.

무無

 간밤에 내린 비로 계곡물이 많이 불었나 보다. 크고 작은 물줄기들이 한데 모여 마치 김덕수 사물놀이패가 휘모리장단을 몰아 두드리는 듯 빠르고 경쾌한 소리를 내며 바위틈 사이사이를 굽이쳐 흐른다. 계곡물은 낭떠러지에서 폭포가 되고, 폭포 아래 작은 소沼를 두어 바퀴 돌고 나서 또 아래로 쉬지 않고 흐른다.

 북한산을 오르던 길, 계곡물 소리에 취해 한참 넋을 잃고 멈춰 서성이다가 계곡 옆 너럭바위에 가부좌를 틀고 앉아 두 눈을 지그시 감는다. 계곡물 소리가 귓바퀴를 맴돈 후 관자놀이를 지나 숨어있는 측두엽에 이르는 사이 물소리는 어느새 잔잔한 속삭임으로 변한다. 세심교洗心橋를 건널 적에 아직 덜 씻긴 탐진치貪瞋癡의 파편들이 모두 계곡물을 따라 흘러간 것일까. 마음이 한결 청정하다.

흘러가는 저 물은 어디로 가는 것일까. 계곡물은 시내로, 시냇물은 강으로, 강물은 바다로 흘러갈 것이다. 그러면 바닷물이 가는 곳은 어디일까. 더이상 갈 곳이 없을 것 같지만 바닷물은 또다시 구름이 되고 비가 되고 눈이 되어 다시 지상에 내리는 것이 아닌가. 지금 흘러가는 저 물의 목적지는 바로 내가 앉아있는 이 자리가 될지도 모른다. 나의 본질도 물과 다를 바가 없을 터. 그렇다면 나는 어디서 와서 어디로 가는 것일까. 나의 본질도 저 물처럼 세상을 돌고 돌다가 지금 앉아있는 바로 이 자리로 되돌아오는 것은 아닐까. 이런저런 생각에 이끌려 진관사津寬寺 경내로 발길을 옮긴다.

진관사 입구 해탈문解脫門 좌편에는 맷돌짝을 한 줄로 길게 깔아놓은 길이 있다. 이들을 밟고 길을 따라 오르면 주춧돌만 남아있는 건물터 하나가 휑하다. 집현전 학자들이 오직 한글 연구에만 몰두하라며 세종 임금께서 배려하여 세운 사가독서당賜暇讀書堂 터가 아닌지 어림짐작을 해본다. 바로 그 빈터 뒤 바위에 음각으로 새겨진 글자 무無, 그 글자가 또다시 발걸음을 굳게 붙잡는다.

무無란 무엇인가. 그의 상대개념인 유有는 또 무엇인가. 무無는 없다는 것이고 유有는 있다는 것인데 이 둘은 또 어떤 관계일까. 사전에는 무無란 "존재하지 않음, 없다無, 아니다非, 아니하다不"란 의미와 "근원적 절대적인 것으로, 인간의 감각을 초월한 실재적이며 세계의 근원인 동시에 인간 행위의 규범의 근원"이라고도 폭넓게 정의하고 있다. 나는 전자에 더 큰 의미를 두고 살아왔다. 즉 무無란 의미는 '없다'라는 부정적인 의미로 해석하고 살아온 것이다.

그러나 일찍부터 철학자들이나 사상가들은 이 무無에 큰 의미를 부여하며 살아왔지 싶다. 노자는 "무無는 천지의 시작이며, 유有는 만물의 어머니다."라고 하며 오감五感에 의해 감각되는 모든 만물의 근원은 무無에서 시작된다고 하였다. 그렇다면 오감에 의해 느낄 수 있는 것이 유有라면 존재하면서도 느낄 수 없는 것은 무無인가 유有인가. 대기 중의 공기나, 모든 물질이 끌어당기는 만유인력, 음전기와 양전기, 지구의 자전과 공전에서 발생하는 속도나 소리, 적외선과 자외선 같은 실존하지만 인간의 감각을 초월한 실체들을 유有라고 해야 할 것인가 무無라고 해야 할 것인가.

빅뱅이라는 우주 탄생 사건에서 보듯이 무無에서 유有로 변화시키는 힘 또는 능력을 우주론자들은 '필연적인 물리적 과정'이라 말하고, 자연무위自然無爲를 주창하는 도가에서는 '도道'를, 윤회사상輪回思想을 믿는 불가에서는 '연기緣起'를, 음양의 이치로 우주 질서를 말하는 성리학에서는 '기氣'를, 구약성서 창세기에서는 하나님의 '의지'라 말하고 있다. 모두가 공통으로 무無에서 유有가 탄생했고 유有의 근원은 무無임을 인정하고 있는 셈이다.

바위에 새겨진 저 무無, 이것은 유有인가 무無인가. 그 글자의 의미는 없음無이라지만 실제 존재하는 형태로서 유有의 상태가 아닌가. 이 글자 무無도 언젠가는 풍상에 마모되고 풍화되어 형체가 없는 무無의 형태로 돌아가리라. 나 또한 무無의 세계로부터 태어나 형체와 이름을 가진 하나의 존재인 유有이면서 언젠가는 무無로 돌아갈 운명이 아닌가. 불가에서 말하는 색즉시공 공즉시색色卽是空 空卽是色이란 말과 사람이 흙에서 태어났으니 흙으로 돌아가야 한다는 성경 말씀이 가슴에 깊이 와닿는다.

경내로 들 때 들리지 않던 말, 발길을 돌려 극락교極樂橋를 지나자 흐르는 계곡물 소리에서 들린다. "세상의 근원은 무無다. 존재하는 모든 것은 무無에서 와서 무無로 돌아가는 것이다. 무 무 무…." 진관사 계곡물은 쉬지 않고 연신 무無라 속삭이며 아래로 흘러간다.

다산茶山의 영정 앞에서

다산초당茶山草堂에 가는 길이다. 사랑하는 사람을 만나러 가는 기분이 이럴까.

백련사 동백 숲을 지나서 차밭을 끼고 돌아 산길을 오르니 등골에 땀이 촉촉이 젖어 든다. 그렇다고 험하고 힘든 산길은 아니다. 남도의 인심만치나 편안하고 안온한 만년산 자락길이다. 길섶에 수줍은 듯 피어난 분홍빛 진달래가 생긋 웃으며 반가이 인사를 하고, 물기를 흠씬 머금은 야생 차나무 참새 혓바닥 같은 연둣빛 새싹들이 재잘거린다. 고갯마루에 앉아 한숨을 돌리고 나서 다시 내리막길로 들어서는데, 난데없는 울창한 시누대 숲이 가벼운 살랑바람에도 속살거린다. 다산 정약용(1762~1836)과 혜장선사(1772~1811)가 차를 마시며 인생을 논하고 싶을 때면 서로 오가던 그 우정의 오솔길이 아닌가.

두 분께서 선문답을 하며 함께 걸었을 이 길이 '지혜의 길'이지 싶어 한없이 걷고 싶다. 한참 내리막길을 걷다 오른쪽으로 꺾어 도니 바로 깊은 숲속에 다산초당이 아늑하게 자리하고 있다.

예전에 책을 통해 선생을 몇 번 뵌 적은 있지만 그분의 영정이 모셔져 있는 초당을 직접 찾은 것은 이번이 처음이다. 마음속에 항상 흠모하는 선생을 이제야 찾아와 영정 앞에 서니 죄송한 마음이 그지없어 똑바로 선생의 영정을 바라볼 수도 없다. 마치 수하에서 글공부를 하던 제자가 잠시 선생 곁을 떠났다 다시 돌아와 무릎 꿇고 선생께 아뢰듯이

"선생님, 너무 늦게 찾아와서 죄송합니다."라고 나도 속으로 인사를 드렸다.

"아닐세. 이곳까지 찾아오느라 수고가 많았네. 그동안 얼마나 사는 것이 힘들었으면 이제야 찾아왔겠나." 하시는 것 같았다.

젊은 시절에 읽은 황인경이 쓴 《소설 목민심서》에서는 귀양살이 온 나약한 한 선비를 향한 연민의 정과 아침 이슬같이 맑은 그의 영혼을 보며 가슴 아파했었고, 다산 선생이 직접 쓴 《목민심서》에서는 공직자로서 지켜야 할 덕목과 도리를 가르치는 엄격한 스승의 모습을 보았다. 박석무 선생의 〈유배지에서 보낸 편지〉에서는 아버지로서 도리를 다하지 못함이 못내 아쉬워 자식들이 정직하고 반듯하게 살아가기를 바라는 아

낌없는 부성애를 느꼈었고, 소설가 한승원의 〈다산 정약용〉에서는 주자학을 숭상하면서도 천주교를 받아들인 실학자로서 균형 잡힌 사상과 이상 그리고 민족 비극의 뿌리인 당파싸움의 처절함을 깨닫게 해 주었다. 아이러니하게도 선생 자신은 당파싸움의 희생양이 되었지만, 이곳 강진 귀양살이 동안 수많은 저서를 남겼고 제자들을 가르치셨으니 이 지역 후대들에게는 큰 스승을 얻는 행운을 갖게 된 셈인지도 모를 일이다.

"선생님, 저에게도 삶의 지혜를 가르쳐 주십시오. 영암군수 이종영에게 주셨던 육자비전六字閟詮* 같은 큰 가르침 말입니다."

선생의 영정을 바라보며 간곡한 마음으로 간청을 드렸다. 그러나 선생은 아무런 말씀이 없으시다. 그저 둥근 안경테 너머로 지그시 바라보며 미소만 짓고 계신다. 그럴 만도 하다. 난 공직에서 물러난 지 한참이나 지났으니 《목민심서》의 가르침과는 거리가 멀어서 그러는 것일 게다. 그러나 난 마지막 여생의 삶을 지혜롭게 살고 싶어서 하는 소리다. 만일 선생께서 나에게 줄 지혜의 말씀이 있다면 빌 공空 여섯 글자라도 주지 않았을까. 여생을 잘 마무리하기 위해서는 모든 걸 비워야 하지 싶어서다. 세상 재물에 관한 욕심도 비워야 할 것이고,

---

* 어느 날 영암군수 이종영李鍾英이 다산을 찾아와 '정치를 잘하는 법을 물었다.' 그러자 다산 선생께서 이종영의 허리띠에 청렴할 염廉자 여섯을 써주고 설명해 주었다는 이야기다. 《목민심서牧民心書》율기육조律己六條 중 두 번째 청렴에 관한 이야기.

육신의 정욕에 관한 욕망도 버려야 할 것이고, 세상 명예나 권력에 관한 욕심도 버려야 할 것이다. 그래서 물욕을 비우면 마음에 여유가 생길 것이며, 또한 정욕에 관한 욕심을 비우면 마음이 한결 청결해지리라. 그렇게 모든 걸 비우고 나면 몸과 마음 그리고 영혼까지도 가벼워져 삶의 향기가 피어나지 않겠는가.

선생의 영정 앞에서 고개 들어 일어서니 이제야 초당이 눈에 들어온다. 들어오는 길목에 자리한 동암東庵은 선생께서 글을 읽고 집필했던 곳으로 그 유명한 《목민심서》가 태어난 곳이고, 추사 김정희가 직접 썼다는 '茶山草堂'이란 현판을 달고 서있는 본체는 제자들을 가르치던 서당과도 같은 곳이다. 옆 마당에는 조그마한 연못이 하나 있다. 선생께서 직접 파고, 바닷가에서 주워온 돌로 산을 쌓고, 만덕산 물줄기를 끌어와 연지석가산蓮池石假山이란 이름을 붙여 잉어를 길렀다는 연못이다. 물고기를 보면서 그날그날 일기를 예측하기도 했다니 실학자임을 몸소 실행한 곳이리라. 큰 여자 궁둥이만 한 마당가에는 아름드리 후박나무 몇 그루가 하늘 높이 솟아 있고 초당 뒤편에는 고만고만한 동백나무들이 우거져 흐드러지게 붉은 동백꽃이 피어있다. 아늑한 초당을 한 바퀴 조심조심 돌아보며 다산 선생의 혼이 담긴 흔적들을 이곳저곳 만져보았다. 이 적적한 산중에서 그 오랜 세월 동안 선생의 삶이 얼마나 고적했을까. 생각만 해도 코끝이 시큰해진다.

초당 입구 언덕에 서있는 정자 천일각天一閣에 올라 강진만 구강포를 바라보았다. 저 먼 섬 흑산도에 유배된 형이 그리울 때면 선생께서는 이곳에 올라 멀리 바다를 바라다보곤 했으리라. 강진만 저 멀리 그 옛날 두 분의 형제애가 봄 아지랑이처럼 모락모락 피어오르는 것만 같다.

다산초당을 떠나 속세로 돌아가려니 다시 마음이 무거워진다. 좌우대립의 이념전쟁으로 나라는 하루도 조용할 날이 없고 나라 살림은 파탄으로 서민들의 삶이 도탄에 빠져있는데, 이 나라가 나아갈 길을 밝혀줄 어른이 없다. 다산 선생과 같은 큰어른이 살아 계신다면 이 난세를 풀어갈 지혜를 줄 수도 있으련만 하는 생각이 들어 안타까운 마음뿐이다.

언제 다시 뵈올지 모를 다산 선생과 아쉬운 작별을 하고 백련사로 가는 오르막길을 따라 휘적휘적 발길을 돌린다.

퇴계의 향기

 천원권 지폐 한 장을 펼쳐 들었다. 뜬금없이 웬 천원권 지폐냐고 의아해할 수도 있겠지만 지난 늦가을에 안동 도산서원 기행을 다녀온 후로 지금까지 무관심했던 천원권 지폐에 관심이 생겼다. 화폐 정면에 그려진 매화 한 떨기와 이황 퇴계 선생의 초상, 후면에 인쇄된 산수화 〈계상정거도溪上靜居圖〉 속에 선생의 인생 스토리가 살아 숨쉬고 있기 때문이다.
 퇴계 선생을 생각하면 우선 선비정신이 떠오른다. 선비정신이란 성리학의 교리에 근거하여 의리와 지조를 중시하고 인간의 도리와 신념을 일관되게 지키려는 정신을 말함일 것이다. 안동의 선비로서 풀 먹인 까슬까슬한 삼베처럼 융통성 없고 대쪽같이 올곧은 인물일 것으로 생각하겠지만, 막상 도산서원 박물관에서 마주한 선생의 초상화는 마치 시골 훈장님처럼 포근하고 안온하여 보는 순간부터 마음이 따뜻해졌다.

갸름한 얼굴에 하얀 턱수염과 인자한 눈길, 살며시 미소까지 짓는 듯한 표정은 선비의 차가운 모습이 아니라 인간의 진한 향기가 풍기는 모습이었다. 인간미를 지닌 퇴계 선생을 말할 때 빠뜨릴 수 없는 것이 매화다. 단양군수 시절에 만난 관기 두향杜香이와의 짧았지만 아름답고 애절한 사랑 이야기는 지금도 뭇사람들의 입에서 오르내린다. 채 일 년도 함께하지 못하고 풍기 군수로 제수 받아 임지로 떠나는 선생에게 두향이 수석 두 개와 매화분 하나를 선물로 주었다. 그리고 그 후로 둘은 평생 만나지 못하고 마음으로만 사랑하고 지냈다는 이야기다. 헤어질 때 두향으로부터 받은 매화분을 선생은 어디를 가든지 항상 곁에 두고 평생을 같이했으니 이런 지조 있고 애틋한 사랑을 오늘날 어디에서 찾아볼 수 있을 것인가. 심지어 유명을 달리하는 순간에도 "매화에 물을 주거라."라고 했다는 말은 오늘날 문인들 사이에서도 자주 회자되는 말이다.

매화를 사랑했던 선생이 매화를 소재로 쓴 시만도 100여 편이 넘는다. 천원권 화폐 정면에 피어난 한 떨기 매화에서 두 사람의 애절하고 순수한 사랑의 향기가 물씬 풍기는 듯하다.

황권중간대성현黃卷中間對聖賢

비어있는 방안에 초연히 앉았노라(虛明一室坐超然)

매화 핀 창가에서 봄소식을 다시 보니(梅窓又見春消息)
거문고 마주앉아 줄 끊겼다 한탄 마라(莫向瑤琴嘆絕絃)

  선생께서는 빛바랜 누런 책에서 옛 성현들의 글을 읽다가도 이른봄 분에 피어난 매화를 보면 문득문득 두향이 그리워졌던 모양이다.
  퇴계 선생의 인간미는 단지 남녀 간의 사랑에서만 멈추는 것이 아니었다. 청상과부가 된 둘째 며느리에 대한 그의 배려는 너무도 인간적인 아름다움의 극치였다. 홀로 사는 며느리가 안쓰러워 밤이면 항상 집을 살펴보곤 했던 그가 어느 날 밤 며느리가 방에서 누군가와 두런두런 이야기하며 주거니받거니 술잔을 나누는 소리에 혹시나 하는 마음으로 문틈을 들여다보는 순간, 며느리가 죽은 남편의 허수아비를 앞에 두고 살아생전처럼 말을 주고받으며 한을 달래고 있는 것이 아닌가. 이 광경을 목격한 선생은 청상과부인 며느리가 얼마나 가련하고 불쌍하던지 당장 그다음 날 아침에 며느리를 달래서 친정으로 보내 다른 곳으로 개가하도록 길을 열어 주었다. 유교 교리를 목숨만치나 중하게 여기던 선비로서 쉬운 일이 아니었겠지만, 여성을 배려한 그의 생각이 오늘날보다 몇 백 년을 훨씬 앞섰음을 알 수 있다. 그 후 어느 날 선생께서 한양 길을 가던 중 날이 저물어 묵게 된 여관에서 먹었던 한끼 저녁 밥상이 어디서 많이 먹었던 손맛이었으며, 아침에 길을 떠나려 하자

집주인이 버선 한 켤레를 신고 가라며 내주었던 그 버선도 발에 꼭 맞는 것이었다. 그제야 며느리가 그 집으로 시집와서 잘살고 있다는 것을 깨닫고 안심하고 길을 떠났다는 훈훈한 이야기에 가슴이 뭉클해진다. 퇴계 선생은 오늘날 주장하는 페미니즘을 시대를 앞서 몸소 실천한 인본주의 사상가였음이 틀림없지 싶다.

화폐 뒷면에 나오는 〈계상정거도〉는 선생의 조상들이 대대로 살아온 마을 풍경을 정선鄭敾(1676~1759)이 그린 산수화로 보물 제585호다. 확대경으로 들여다본 그림 속에는 집안에 한 사람이 글을 읽고 앉아 있다. 이 집이 선생께서 글을 가르치던 '계상 서당'이다. 그 속에 앉아 있는 이가 아마도 벼슬을 마치고 낙향한 선생의 글 읽는 모습이 아니었을까. 그의 명성을 듣고 사방에서 구름처럼 몰려드는 제자들 때문에 계상 서당이 비좁아 도산 자락 낙동강 변에 새로 자리를 잡은 곳이 지금의 '도산서원陶山書院'이다.

그림 속의 서당을 보니 불현듯 나의 조부님 생각이 떠오른다. 내가 태어나기 한 해 전에 돌아가셔서 얼굴을 뵌 적이 없지만, 어머니께서 일러주신 태몽 속의 조부님 모습이 어쩌면 퇴계 선생과 같은 저런 인자한 선비 모습이 아니었을까. 향교나 서원이 없어 글공부를 마땅히 할 수 없던 섬마을에 방 한 칸짜리 작은 서당을 자택에 열어 인근 인재들을 모아 글을 평생 가르치다 가셨으니 나의 조부님도 퇴계 선생처럼 맹자의 군자

삼락君子三樂 중 세 번째 낙인 천하의 영재를 얻어 가르친 기쁨(得天下英才而敎育之 三樂也)은 누리셨지 싶다.

돌아오는 봄에 도산서원을 다시 찾아가 뜰 앞에 피어난 매화 향기에 취해 보리라. 성리학자가 아닌 인간 퇴계의 향기를 다시 한번 가슴 가득히 품어 보리라.

한라산에 올라

　서귀포 해안가에 해무가 밀려온다. 하얀 너울로 위장한 점령군처럼 해안선을 넘은 해무는 크고 작은 오름을 소리 없이 점령하더니 점차 한라산 정상을 향해 진군하고 있다. 날씨가 심상치 않다. 서둘러 스마트폰을 열어 날씨를 검색해 본다. "오늘의 제주 날씨 흐리고 비, 60%의 습도." 일기예보가 이 정도라면 한라산에 비가 올 확률이 거의 100%에 가깝다.
　한참 갈등하다가 일단 한라산 영실코스 입구를 향해 차를 몰았다. 혹시 비가 내려 입산할 수 없으면 한라산 숲길이라도 드라이브하며 빗속 낭만에 흠씬 젖어보는 것도 좋겠다는 생각이 퍼뜩 들어서다.
　영실코스를 향해 가는 도중 예측한 대로 비가 내렸다. 짙은 안개 속을 한 시간 정도 달렸을까. 영실휴게소 하늘이 활짝 열려있다. 1,200고지 바로 아래까지 비가 내리고 안개가 자욱한데 이곳에는 햇볕이 쨍쨍 내리쪼인다. 한 치 앞도 내다볼 수 없는 것이 인생사라 하지만 제주 날씨는 그보다 더하지 않는가. 한라산을 오를 수 있다는 생각에 마음이 들떠 흥분이 가라앉지 않는다. 복장을 가다듬고 등산화를 단단히 조여 묶었다. 물과 초콜릿 그리고 사탕을 챙겨 넣고, 배낭의 무게를 줄이고 화장실까지 다녀와서 전장으로 출정하는 병사의 마음으로 등산로에 들어섰다.

한라산 등반이 이번이 처음은 아니다. 목포항도여자중학교 재직시절 수학여행 인솔 차 한 번 오른 적이 있다. 그땐 오직 학생 안전이 최고의 목표였기에 한라산의 비경을 꿈꾸는 것은 언감생심焉敢生心이었다. 산을 오르지 않으려 뒤꽁무니를 빼는 녀석들을 오로지 백록담까지 몰고 올라갔던 일이 기억 속에 가뭇할 뿐이다. 산길에 들어서니 소나무 숲이 울울창창하다. 졸졸 흐르는 개울물 소리와 여기저기서 지저귀는 산새 울음소리, 박새일까 제주휘파람새일까. 동박새 한 마리 동백나무에서 포로롱 날아오르자, 직박구리도 뒤질세라 깍깍 소리를 지르며 날아오른다. 큰오색딱따구리가 나무둥치를 찍어대는 소리에 온 골짜기가 긴 공명을 남기며 여운에 잠긴다. 한라산은 즉흥 판타지 공연장이다.

산을 오른다는 것은 힘든 일인가 보다. 반 시간 정도 오르기 시작했을까. 다리는 풀려 팍팍하고 몸무게는 천근만근이다.

언제 저 높은 곳을 오를 수 있을지 바라다 보이는 능선이 까마득하기만 하다. 인생을 고苦라 했던가. 산을 오르는 것 역시 고苦다. 오르는 것이 왜 이리 힘이 드는지. 평지를 걷는 것이나 산을 오르는 것이나 몸뚱이 하나 두 발로 옮기는 것은 똑같은 물리적 운동일 텐데 입에서 쓴 단내가 나리만큼 힘들다. 그것은 자연에 역행하기 때문이리라. 끌어당기는 지구의 중력에 투항하지 않는 불손한 내 태도가 자연의 비위를 거스른 것일 게다. 벌써 등골에 땀이 흐르고 이마에도 땀방울이 송골송골 맺혀난다. 그래도 힘들여 오르는 것은 한라산에 피어있을 철쭉꽃에 대한 나의 기대 때문이다.

드디어 병풍바위에 도달했다. 허리를 펴고 한숨을 돌리니 이제야 산 아래가 시야에 들어온다. 깎아지른 주상절리 단애가 천 길 낭떠러지다. 바라다보기만 해도 현기증이 인다. 맞은편 계곡 위에는 일체 번뇌를 끊고 깨달음을 얻은 듯 오백 나한 바위가 조용히 앉아 참선에 들었다. 운해는 해안선을 뒤덮고 중산간 오름과 오름 사이를 지나 한라산 중턱까지 너울너울 파도처럼 밀려온다.

삶이 아무리 고苦라 할지라도 때론 순간순간 찾아오는 쾌快도있는 법. 화려하게 피어난 진분홍 철쭉을 볼 목적으로 힘들여 한라산을 오르고 있지만 기대하지도 않았던 또 다른 즐거움을 산을 오르는 길에 만나고 있다. 이런 것을 덤이라 하던가, 우수리라 하던가. 어쨌든 고산 자락 등산로에 피어난 한 무더기 하얀 찔레꽃의 진한 향기가 지친 발걸음에 힘을 북돋고, 분홍빛 병꽃은 갈증에 혼미해진 나를 깨우려 방실방실 속살거린다. 병풍바위를 지나 아고산대亞高山帶에서 우연히 만난 구상나무군락은 최고의 행운이다. 연둣빛 새싹 촉감이 이제 막 방싯거리는 우리 손자 손가락보다도 더 부드럽다.

구상나무는 주목과 함께 빙하기에 남하하여 한반도 전역에 걸쳐 살다가 후빙기에 접어들어 대부분 사라지고 이곳 한라산 고산지대에 터를 잡은 우리나라 고유 희귀 수종이다. 일찍이 서양인들은 이 나무의 매력에 끌려 세계적인 명품 '크리스마스 트리'로 개량한 후 톡톡히 재미를 보고 있다. 구상나무 앞에 서니 그 가치를 미리 알아차리지 못한 우리의 우둔함에 미안한 마음이 들어 고개가 절로 숙어진다.

구상나무 숲길을 지나 돌들이 서 있는 넓은 들판이라는 광활한 '선작지왓'에 들어섰다. 나지막한 구릉과 구릉 사이로 한라산 봉우리가 우뚝 얼굴을 내민다. 제주의 시고 달콤한 과일 '한라봉'의 뒷모습이다. 한라산 정상을 무대로 밀려오는 해무가 살풀이춤을 춘다. 하얀 비단 천으로 한라봉을 감싸다가 또 풀어헤치기를 거듭하며 신명이 났다.

기대했던 '선작지왓'에 가득한 철쭉꽃은 뵈지 않는다. 개화 절정기를 놓친 탓일까. 삭풍에 말라 잎사귀만 남아있는 조리대 군락지와 앙상한 관목들 사이에 듬성듬성 피어있는 철쭉들이 철 늦게 찾아온 나를 탓할 뿐이다.

윗세오름, 해발 1,700m. 터줏대감 큰부리까마귀 떼가 탐방객보다 먼저 자리를 잡았다. 텃세라도 부리는 것일까. 이방인의 침입을 경계라도 하는 것일까. 큰부리까마귀들이 여기저기서 목청을 돋우어 울어댄다.

한라산이 손에 잡힐 듯 코앞이다. 병풍처럼 펼쳐져 있는 한라산을 마주하며 최종 목적지 남벽 분기점 방애오름 전망대에 올랐다. 하늘 아래 한순간도 변치 않은 것이 무엇이 있을까. 활활 타오르던 활화산이었던 한라산도 지금은 조용히 침묵만 지키며 등을 돌리고 앉아있다. 푸른 기상을 자랑하던 구상나무들도 앙상한 형해形骸의 모습으로 하늘을 향해 소리 없는 함성을 지르고 있다.

몰려왔다 흩어지는 해무 속의 한라산 모습도 선듯선듯 변화무쌍이다. 한때는 만화방창 혈기 왕성했던 나, 이젠 삐걱거리는 육신을 버겁게 이끌고 방애오름에 올라 지친 몸을 추스르며 숨고르기도 힘겹다. 여러 인연으로 생성되었다가 변해가는 모든 현상이 자연의 이치며 우주의 질서가 아니겠는가. 아니 조물주의 창조 의지인지도 모르겠다. 눈앞에 서 있는 한라산과 넓게 펼쳐진 영실 '선작지왓'에서 순환의 질서에 따라 변해가는 삼라만상을 바라보며 한참이나 말없이 앉아있다.

이제 돌아서서 내려가야 하는 길. 한라산 1,200고지 아래는 아직도 해무가 너울너울 바다처럼 넘실대고 있을 것이다.

〈아리랑〉이 울려 퍼진
모뉴먼트 밸리(Monument Valley)

 모뉴먼트 밸리가 내려다보이는 언덕이다. 애리조나(Arizona) 사막의 한 모퉁이에 자리 잡은 이곳은 마치 어느 혹성 깊은 계곡을 옮겨놓은 듯 낯설고 신비스럽다. 황량하고 쓸쓸하리만큼 넓은 광야에 잘라놓은 시루떡 덩이처럼 지붕이 편편한 붉은 바위산들이 듬성듬성 서있고 하늘을 찌를 듯한 촛대 같은 칼바위들이 흩날리는 흙먼지 바람 속에 희미하게 보인다. 신성한 기운이 서려있는 듯해 내딛는 발걸음조차 조심스럽다.

 관광 지프차에 오르자 한 낯설지 않은 얼굴이 반갑게 맞이한다. 어디서 많이 본 듯한 얼굴이다. 둥글넓적한 얼굴에 납작한 코하며 살짝 찢어진 듯 갸름한 눈과 밝은 구릿빛 피부, 그의 얼굴은 어쩌면 가까운 친구 같기도 하고 동네 아저씨 같기도 하다. 그의 얼굴에서 오래전에 잊고 살았던 옛 우리 조상들의 모습을 보는 것 같아 더욱 반갑다. 혹시 외모만큼이나 그의 핏속에 흐르고 있는 DNA도 우리와 가까운 것은 아닐까싶어 마음이 자꾸만 그에게로 간다. "피는 물보다 진하다."라는 우리 옛말이 허튼소리는 아니지 싶다. 이 사람은 오늘 지프차 관광을 책임질 인디언 운전자다.

지붕도 없는 지프차에 몸을 싣고 '인디언 성지' 깊은 곳까지 가는 관광 길이다. 황톳길 비포장도로를 달리자 흙먼지 바람이 불어와 뿌옇게 시야를 가린다. 머플러로 입을 가리고 선글라스를 써보지만 몰아치는 흙먼지를 피할 도리는 없다. 그래도 마음은 신비스러운 땅 깊은 성지를 찾아간다는 생각에 몹시 흥분되어 들떠있다.

흙먼지 속에서도 인디언 운전자는 바위 앞을 지날 때마다 엄숙한 모습으로 자기 임무에 충실하다. "이것은 코끼리 바위, 저것은 낙타바위 그리고 또 저것은 자매바위"라고 쩌렁쩌렁한 목소리로 해설을 해대지만 귀에는 쏙 들어오지 않는다. 흙바람 속에 스쳐지나가는 바위들이 신기하게 보일 뿐이다. 바람도 시샘하여 성스러운 이 계곡의 모습을 쉽게 볼 수 없도록 질투하는 것은 아닐까.

편편한 황야에 불쑥 솟아있는 이 바위를 메사(mesa)라고 부르고, 우뚝 솟아있는 칼바위는 뷰트(butte)라고 부른다. 이곳이 바다로부터 솟아올라 한때는 편편한 고원이었지만 세월이 흐르며 비바람에 깎이고 닳아 고원이 메사가 되고 또 메사가 뷰트가 되어 서로 마주하며 서있는 모습은 신비스럽게 보인다. 대지 위에 우뚝 솟아있는 메사, 촛대바위 같은 뷰트와 하늘과 땅 사이에 뚫린 바위 구멍은 하늘의 뜻과 땅의 기운을 연결하는 통로이지 싶고, 벽처럼 서있는 바위에 뚫린 구멍은 서로를 이해하며 사랑하고 살 라하며 속삭이는 바람의 길이지 싶다.

이곳은 인디언 나바호(Navajo)족의 조상들이 지켜온 땅이다. 1863년 인디언 말살정책으로 인디언들의 뉴멕시코로 강제이주는 추운 겨울의 긴 여정으로 말미암아 많은 목숨을 앗아갔다. 그러나 1868년 미연방정부는 이러한 정책의 잘못을 인정하고 인디언들에게 거주할 곳을 선택해서 돌아가라고 했다. 이때 인디언들은 비옥한 동부지역이나 초원이 발달된 내륙의 목초지대를 마다하고 조상들이 살았던 척박하지만 성스러운 이곳 모뉴먼트 밸리 지역을 택했던 것이다. 인디언들은 이곳의 풀 한 포기, 나무 한 그루 그리고 돌 한 덩이도 조상들의 혼이 깃들어 있다고 믿었기 때문이다. 지금은 인디언 보호구역으로 지정되어 '인디언 성지'로 관리되고 있지만 황량하고 척박하기는 예나 지금이나 매한가지다.

거의 한 시간을 굽이굽이 계곡을 돌아 반환점에 이르렀다. 붉고 넓은 대지와 휘돌아가는 계곡 사이사이에 우뚝우뚝 서있는 신비스런 바위들이 마치 서부영화 한 세트장을 보는 듯하다. 그렇다. 이곳이 존 웨인(John Wayne) 주연의 영화 〈역마차〉 촬영지였다. 영화에서 역마차를 추적하던 인디언들과 주인공 존 웨인의 숨막히는 추격전, 그리고 그 인디언들을 사냥하듯 공격해오는 연방군과의 쫓고 쫓기는 영화의 한 장면이 머리에 스쳐지나간다. 목숨을 걸고 외부인의 침략을 막으려 했던 인디언들의 심정을 이제야 조금이나마 알 것도 같다. 이들에게는 이곳은 조상들로부터 물려받은 성스러운 땅이 아닌가.

반환점을 돌아오는 길이다. 올 때도 마찬가지였지만 돌아가는 길에도 운전자 그 친구는 진지하기만 하다. 조금이라도 관광객들의 기분을 북돋으려 애쓰는 기색이 역력하다. 소리 내어 "하하하" 너털웃음을 웃어 보이기도 하고 따라 웃어보라고 권하기도 한다. 나도 "하하하" 너털웃음으로 화답을 했다. 그리고 자진해서 노래를 하겠다고 한다. 목청을 다듬더니 알 듯 모를 듯한 노래가 그의 입에서 울려 나왔다. 어디서 많이 듣던 가락이 아닌가.

우리의 창 애달픈 단조의 한이 깊이 서려있는 노래 〈한 오백년〉의 가락과도 너무 비슷한 노래를 부르고 있다. 인디언의 민요인 듯하다. 외모만 아니라 부르는 노래까지도 우리 가락과 이리도 흡사하단 말인가. 진지하게 노래하는 그의 옆모습에서 나도 모르게 가슴을 찡하게 울리는 깊은 전율이 느껴져 왔다. 노래가 끝나자 지프차에 타고 있던 일행 모두가 감동의 박수를 보냈다. "이번에는 노래 한 곡 불러 주세요." 능청맞게 그러나 진지하게 그 친구가 부탁을 했다. 누가 먼저라고도 할 것 없이 우리는 〈아리랑〉을 목청 높여 부르고 있었다. 흙먼지 바람 속 모뉴먼트 밸리에 울려 퍼지는 그 아리랑 합창은 어디서도 느낄 수 없는 감동적인 노래였다.

지프차 관광이 끝나고 그 인디언 친구와 굳은 악수를 하며 이별을 고하는 순간이다. 그의 애수어린 검은 눈동자는 할말이 많을 것 같지만 말없이 나를 바라만 보았다. 입가에 서려있는 의미 있는 미소가 말을 대신하는 듯했다. 꼭 잡은 그의 손을 통해 핏줄의 느낌이 따뜻하게 전해져 왔다. 그도 우리를 같은 핏줄로 생각하고 있는 것일까.

인디언의 성지 모뉴먼트 밸리 붉은 계곡에 석양빛이 서서히 물들어 오고 있다.

현대수필가 100인선 Ⅱ·67
박영득 수필선

한 마리 새가 되어

초판인쇄 | 2025년 07월 10일
초판발행 | 2025년 07월 15일

지은이 | 박 영 득
펴낸이 | 서 정 환
펴낸곳 | 수필과비평사 · 좋은수필사

주　소 | 서울시 종로구 삼일대로 32길 36.
　　　　(익선동 30-6) 운현신화타워 305호
전　화 | 02)3675-5635, 063)275-4000
등　록 | 제300-2013-133호
홈페이지 | http://www.shinapub.com
e-mail | essay321@hanmail.net

값 10,000원

ISBN 979-11-5933-597-6 04810
ISBN 979-11-85796-15-4 (전 100권)

* 저자와 협의하여 인지는 생략합니다.
* 잘못된 책은 바꿔 드립니다.